MERVEILLES ET PROCESSIONS

« Spiritualités vivantes »

KHALIL GIBRAN

Merveilles
et processions

*Traduction de l'arabe
Jean-Pierre Dahdah*

ALBIN MICHEL

Albin Michel
■ *Spiritualités* ■

*Collections dirigées
par Jean Mouttapa et Marc de Smedt*

© Éditions Albin Michel, S. A., 1996
22, rue Huyghens, 75014 Paris

ISBN 2-226-08539-4
ISSN 0755-1835

*A ces hôtes de l'éther
qui nous invitent à prolonger sur terre
leurs désirs inachevés
en s'infusant dans l'encre de notre chair.*

Jean-Pierre Dahdah

AVANT-PROPOS

À la fin de la Première Guerre mondiale, Gibran s'isola dans un cabanon au sud de Boston sur un chemin baptisé Jerusalem Road. Il se mit à écrire en s'engageant dans un art qu'il avait peu exercé : un recueil de poésie conforme à la métrique arabe classique.

Au printemps 1919 parut ce recueil sous le titre *Les Processions*. Les précédents ouvrages de Gibran dénotaient généralement une frustration sur le plan affectif ou socio-politique, alors que le ton de ce livre venait annoncer dans la vie de l'auteur une nouvelle période philosophique et méditative. Il avait trente six ans.

Environ quatre cents vers s'y égrènent, telle une procession rythmée par deux voix. La première parle de la vie avec son apparence hideuse et son essence gracieuse ; la deuxième chante l'Unité universelle qui ne différencie point l'apparence de l'essence. Les deux réunies laissent entendre en filigrane une troisième voix, celle de Gibran, lequel était partagé entre son état de spectateur et son rôle d'acteur, entre l'Orient et l'Occident, avant de se réaliser dans son chef-d'œuvre, *Le Prophète*.

Puis, en 1923, quelques mois avant la publication du

Avant-propos

Prophète, vit le jour le dernier livre de Gibran en langue arabe : *Merveilles et curiosités.* C'est un florilège composé d'éditoriaux à caractère socio-politique parus naguère dans la presse arabe à New York, de poèmes et de contes, de paraboles et de maximes, mais aussi de portraits littéraires de grands soufis, ainsi que d'une pièce de théâtre qui se révèle comme le point d'orgue du mysticisme de Gibran ; « Iram aux colonnes » serait une tentative d'émergence de l'Atlantide dans l'imaginaire oriental.

Il n'est de doute que cette pièce de théâtre incluse dans les *Merveilles et curiosités* ainsi que le recueil des *Processions* constituent les premières esquisses du *Prophète.*

En marge du manuscrit « Iram aux colonnes », Gibran griffonna cette confidence :

« Je suis brume.
La brume est ma force
et en elle réside ma faiblesse.
Il faut que je trouve des disciples.
Force m'est de proclamer mon nom. »

Jean-Pierre Dahdah

LES PROCESSIONS

> « *Les Processions* représentent les aspects de la vie selon la vision d'une personne double formée d'un soi civilisé [citadin] et d'un soi spontané et ingénu qui caractérise les jeunes bergers du Levant, celui de l'homme qui chante la vie en harmonie avec elle sans analyser ou douter, ni encore débattre ou définir. Les deux se rencontrent pour parler là où leurs deux mondes se rencontrent aussi : sur un terrain hors de la cité et à la lisière de la forêt [1]. »
>
> Khalil Gibran

---

1. *Beloved Prophet : the love letters of Kahlil Gibran and Mary Haskell and her private journal,* recueillis et présentés par Virginia Hilu, éd. Quartet, Londres, 1973, p. 315.

L'homme ne fait le bien que s'il y est destiné,
et le mal qu'il commet point ne disparaît, fût-il inhumé.
Nombre de personnes sont telles des machines
que manipule le destin, l'espace d'un jour ; puis elles
   se brisent.
Ne qualifiez pas celui-ci de puits du savoir,
ni cet autre d'honorable seigneur.
Car même l'élite est un troupeau conduit par la voix
   des bergers,
et celui qui ne suit pas sera délaissé.

Dans la forêt, il n'est de bergers
ni même de troupeaux ;
car l'hiver va de l'avant
sans que soit à ses côtés le printemps.
Les hommes naissent esclaves
de celui qui refuse la soumission ;
et si, un jour, celui-ci se relève et marche,
tous les autres le suivront.

Les Processions

Donne-moi le nay [1] et chante,
le chant est pâture pour les esprits ;
les lamentos du nay vivront
bien au-delà des glorieux et des soumis.

Qu'est-ce que la vie, si ce n'est un sommeil séduit
par les rêves de celui qui réalise la volonté de l'âme.
Le secret dans l'âme est masqué par la tristesse même
 de l'âme ;
si celle-ci venait à disparaître, il porterait alors le
 masque de la joie.
Et le secret dans la vie est voilé par les richesses mêmes
 de la vie,
si ce voile venait à être levé, celui des misères viendrait
 le remplacer.
Ainsi si tu t'estimes au-dessus des richesses et des
 misères,
tu talonneras l'ombre de celui qui est fourvoyé par ses
 pensées.

---

1. Le nay est la flûte enchantée des soufis, mais aussi le syrinx de Pan, la divinité grecque. Il représente l'harmonie de la coexistence des contraires. Le roseau, dont la figure est pâle et l'intérieur vide, symboliserait le corps et le souffle du chantre, l'âme. Les lamentos du nay, dont jouent les derviches lors de leurs séances de *dhikr,* « invocation répétitive de Dieu », évoquent les lamentations de l'âme séparée de sa source divine et qui aspire à y retourner. Aussi Al-Rumi, le grand maître soufi, dit-il : « Nous sommes le nay, la mélodie vient de Toi. » (*Les notes sont du traducteur.*)

Les Processions

*Dans la forêt, il n'est de tristesse
ni même de chagrin.
Quand une brise se lève,
elle n'est pas imprégnée de venin.
La tristesse de l'âme n'est qu'une ombre d'illusion
qui ne saurait persister.
Dans le ciel nuageux de l'âme,
il est toujours des échappées de soleil.*

*Donne-moi le nay et chante,
le chant efface les malheurs;
les lamentos du nay vivront
bien au-delà de l'épuisement du temps.*

Rares sont ceux qui acceptent de plein gré leur vie
sans être condamnés par l'ennui.
Aussi l'homme a-t-il versé le fleuve de la vie dans des
    coupes d'illusion ;
s'il les fait déborder, il s'en trouve enivré.
Car l'homme boit pour y trouver de la joie,
comme s'il était otage de sa passion et qu'il était né,
    adonné à l'ivresse.
Ainsi certains boivent pour prier, d'autres pour
    convoiter des richesses
et d'autres encore pour y trouver le ferment de leurs
    rêves.
La terre est une taverne dont le tenancier est le destin ;
les seuls bienheureux sont ceux qui s'y enivrent.
Et si tu rencontres un homme sobre, sois-en étonné.
La lune chercherait-elle refuge sous un ciel orageux ?

Les Processions

Dans la forêt, il n'y a pas d'ivresse
qui émane du vin ou des rêveries ;
car il n'est dans les rivières
que l'élixir des nuages.
L'enivrement est plutôt une mamelle dont le lait nourrit
  l'homme ;
dès lors qu'il vieillit et périt, il atteint l'âge de sevrage.

Donne-moi le nay et chante,
le chant est le nectar de tous breuvages.
Les lamentos du nay vivront
bien au-delà de l'effondrement des montagnes.

Chez l'homme, la religion est un champ qui n'est cultivé
que par celui qui le sème de prières intéressées,
que ce soit un prêcheur plein d'espérance en la félicité
  éternelle
ou un ignorant qui craint les flammes de l'enfer.
Sans le châtiment du Jugement dernier, nul Seigneur
  l'homme n'aurait adoré
et sans la récompense espérée, il aurait blasphémé ;
comme si la religion était un fonds de commerce :
s'il s'y dévoue, il gagnera et s'il le néglige, il perdra.

Dans la forêt, il n'est de religion
ni de hideux blasphèmes ;

Les Processions

car quand le rossignol chante,
il ne dit pas : « Voilà ce qui est juste. »
La religion de l'homme apparaît,
telle une ombre et disparaît.
Il n'est de religion sur terre
après Dieu[1] *et le Messie.*

Donne-moi le nay et chante,
le chant est la perle des prières ;
les lamentos du nay iront
bien au-delà de l'étiolement de la Vie.

La justice sur terre ferait pleurer les djinns, s'ils en entendaient parler ;
et les morts en riraient, s'ils pouvaient la voir.
Car à ceux qui commettent un petit délit, on réserve prison et mort,
et à ceux qui en commettent un grand, prospérité et gloire.
Le voleur d'une fleur devient un individu répréhensible et méprisable,
tandis que le voleur des champs est nommé le héros intrépide et redoutable.
L'assassin dans la chair est condamné à mort
et l'assassin dans l'âme, tout le monde l'ignore.

---

1. Dans le texte original, le mot utilisé est *Taha*, qui est l'un des quatre-vingt-dix-neuf noms d'Allah et le titre de la XXe sourate dans le Coran ; son sens et son étymologie restent inconnus.

Les Processions

Dans la forêt, il n'est de justice
ni même de châtiment.
Quand le saule étend son ombre sur le sol,
le cyprès ne dit pas : « Quel sacrilège ! »
La justice de l'homme est comme la neige,
sitôt que le soleil la voit, elle fond.

Donne-moi le nay et chante,
le chant est la justice des cœurs ;
les lamentos du nay vivront
bien au-delà de la ruine de tous les péchés.

La force a toujours raison ; si l'esprit est puissant,
il vivra en souverain et s'il est faible, il sera accablé de malheurs.
Car dans l'antre du lion il est une odeur
qui fait fuir le renard, le lion fût-il absent.
Et il y a de la lâcheté chez les étourneaux qui volent,
comme il y a de la fierté chez les faucons qui agonisent.
La force de l'âme est une vérité qui ne peut être reniée
par celle des bras, que l'on veuille ou pas.
Si tu vois un peuple gouverné par un faible,
c'est parce qu'il voit en lui son reflet, sinon il s'exilerait.

Dans la forêt, il n'est de force
ni même de faiblesse ;
car si le lion rugit,
il ne dit pas pour autant : « Voilà le redoutable. »

Les Processions

*La force de l'homme est une ombre
qui vogue dans l'espace de la pensée.
Et les droits de l'homme s'usent
comme les feuilles d'automne.*

*Donne-moi le nay et chante,
le chant est la force des âmes ;
les lamentos du nay vivront
bien au-delà du déclin des soleils.*

Chez l'homme, le savoir est une multitude de chemins
dont le début est connu, mais la fin est dans la main
 du temps et du destin.
Le meilleur savoir est un rêve ; si tu le conquiers
et que tu fends la foule sommeilleuse, tu en seras la
 risée.
Et si tu vois un rêveur vivant en solitaire,
méprisé et réprouvé par les siens,
sache que c'est un prophète ; le manteau du futur le
 voile à la société
laquelle porte le vêtement du passé.
Il est aussi bien étranger que familier au monde et à
 ses habitants,
que ceux-ci le blâment ou l'excusent.
Il est sévère bien qu'il laisse apparaître de la tendresse ;
et il est distant, que les gens s'en approchent ou s'en
 éloignent.

Les Processions

*Dans la forêt, il n'est de science
ni même d'ignorance ;
car lorsque, dans le vent, les branches ondoient,
elles ne veulent pas dire : « Voilà ce qu'est un exploit. »
Le savoir de l'homme est une houppe,
telle la brume dans les champs ;
dès lors que le soleil se lève derrière l'horizon,
la brume se dissipe.*

*Donne-moi le nay et chante,
le chant est la plus éminente de toutes les sciences ;
et les lamentos du nay vivront
bien au-delà de l'extinction des étoiles.*

Le libre sur terre construit, sans le savoir,
de ses visées, sa propre prison et il s'en trouve captivé.
Car même s'il se libère de sa parentèle,
il restera esclave de l'être qui s'empare de son cœur et
 de sa pensée.
Assurément, il est ingénieux ; mais son acharnement
 même
pour la justice relève de la futilité voire de l'orgueil
 démesuré.
Certes, il est indépendant ; mais son empressement
 même
à atteindre le faîte de la gloire éternelle relève de la
 médiocrité.

*Dans la forêt, il n'est ni de libre
ni même de méprisable esclave ;*

20

Les Processions

*les gloires ne sont en fait que sottise
et amas de bulles flottantes.
Quand l'amandier laisse choir
ses fleurs sur l'herbe sèche,
il ne veut pas dire : « Ô herbe misérable,
je suis le généreux seigneur. »*

*Donne-moi le nay et chante,
le chant est une gloire de haute noblesse ;
et les lamentos du nay vivront
au-delà de tout homme méprisable ou estimable.*

La bonté de l'homme est pareille à un coquillage,
bien que sa forme extérieure soit lisse, dans son creux guère de perle.
Il est des fourbes à deux cœurs :
l'un tendre et l'autre de pierre.
Et il est des sympathiques tout mielleux alors que des aiguilles
assoiffées de sang se cachent dans les replis de leurs habits.
L'amabilité chez le vil est un bouclier derrière lequel il se réfugie,
si la peur le saisit ou le danger le terrifie.
Et si tu rencontres un être aussi fort que tendre,
les lumières de ses yeux sont éteintes.

Les Processions

Dans la forêt, il n'est d'aimable
dont la douceur est celle d'un lâche ;
car les branches du saule
s'élèvent tout près du chêne.
Et si le paon a été doté d'une vêture
pareille à la pourpre,
il ne sait pas pour autant
que c'est là que réside son charme.

Donne-moi le nay et chante,
le chant est la bonté du magnanime ;
et les lamentos du nay vivront
au-delà de tous les pusillanimes et les grandissimes.

La bienveillance chez l'homme est une feinte,
et la plus répugnante est celle des experts dans l'art de la contrefaçon ;
comme ces admirateurs de choses dont ils ne connaissent rien
et qui ne leur font ni du mal ni du bien ;
comme ces insolents qui voient en leur âme un roi
dont la voix est un chant et les paroles, des versets ;
comme ces orgueilleux qui prennent leur miroir pour l'univers
et leur ombre pour une lune qui ne cesse de grandir et de luire.

Les Processions

*Dans la forêt, il n'est de gracieux
dont la bonté est celle d'un faible.
Car le lézard, bien qu'indolent,
n'en est pas pour autant dolent.
L'eau des rivières a une saveur
pareille à celle du fleuve du paradis* [1]*,
et en elle une puissance et une terreur
qui dévalent tout ce qui résiste en son lit.*

*Donne-moi le nay et chante,
le chant est la grâce du gracieux ;
et les lamentos du nay vivront
bien au-delà de toute finesse ou rudesse.*

Chez l'homme, l'amour revêt plusieurs aspects,
dont la plupart ressemblent à des brins d'herbe sans fleur ni fruit.
L'amour est souvent comme le vin, celui qui en consomme peu
s'en trouve comblé et celui qui en abuse encourt un danger.
Et si la procession de l'amour est dirigée par la chair
vers une couche drapée d'intentions, l'amour se donnera la mort,
comme un roi désireux de mettre fin à sa vie
après avoir été emprisonné et trahi par les siens.

---

1. Dans le texte original, il s'agit d'*as-Salsabîl,* qui est le nom d'un fleuve du paradis cité dans le Coran ; il ressemblerait au Léthé, voire au Styx, de la mythologie grecque.

Les Processions

Dans la forêt, il n'est de luxurieux
qui prétendent à la noblesse de l'amour ;
car si le taureau devient langoureux,
il ne veut pas dire : « Voilà ce qu'est le grand amour. »
L'amour de l'homme est une maladie
qui grandit dans sa chair
et dès lors que la jeunesse passe,
cette douleur trépasse.

Donne-moi le nay et chante,
le chant est le véritable amour ;
et les lamentos du nay vivront
bien au-delà de toutes les beautés du monde.

Si tu rencontres un homme passionnément épris d'une femme,
qui est rassasié dans sa faim et désaltéré dans sa soif,
et les gens de le traiter de fou, disant :
« Qu'espère-t-il de cet amour pour être si patient ?
Ses yeux saignent-ils d'amour pour cette femme-là
alors que ni sa beauté ni ses talents ne sont si attrayants ? »,
sache que ce ne sont là que des ignorants qui sont morts avant d'être nés ;
comment peuvent-ils saisir le sens de l'épreuve et l'essence du Créateur ?

Dans la forêt, il n'est personne pour réprouver
ni même pour observer.

Les Processions

*Si les gazelles se mettent à gambader
en voyant le soleil se coucher,
l'aigle ne dit pas pour autant :
« Oh ! que cela est curieux ! »
Ce n'est que le dévot parmi les humains
qui prétend que cela est étrange.*

*Donne-moi le nay et chante,
le chant est la plus sublime des folies ;
et les lamentos du nay vivront
bien au-delà de tout esprit rationnel et austère.*

Sache aussi que nous oublions la gloire des conquérants
mais jusqu'à l'heure du déluge nous nous souvenons des déments.
Dans le cœur d'Alexandre le Grand s'étalaient des hécatombes,
et dans le dernier souffle de Qays [1] s'élevait un auguste temple.
Ainsi sous les victoires du premier se cachait la défaite,
et sous les pertes du second, le triomphe.
On saisit l'amour dans l'esprit et non dans le corps,
de même que le vin est tiré pour l'inspiration et non pour l'enivrement.

---

1. Qays est un personnage de la poésie arabe classique connu pour son amour fou pour Layla, tel Tristan pour Iseult et Roméo pour Juliette.

Les Processions

Dans la forêt, il n'est de souvenirs
que ceux des soupirants.
Ceux qui étendirent leur royaume
et opprimèrent les peuples du monde,
ne sont à présent que des noms
dans la liste des criminels.
Chez nous, il n'est que la passion diffamatoire
qui est appelée criante injustice.

Donne-moi le nay, chante
et oublie la cruauté des tyrans ;
car le lys sert de coupe à la rosée
et non point aux flots de sang.

Qu'est-ce que le bonheur en ce monde, si ce n'est un mirage
tant désiré ! Dès lors qu'il prend corps, l'homme s'en lasse.
Il est pareil à une source d'eau qui se précipite avec ardeur vers la plaine,
et sitôt qu'elle l'atteint, elle devient un fleuve de boue qui traîne.
L'homme ne trouve son bonheur que dans la fièvre de s'emparer
du fruit défendu ; et lorsqu'il y parvient, il finit par se tempérer.
Si tu rencontres un homme vivant heureux à l'écart du fruit défendu,
sache qu'il est digne d'être paré de toutes les vertus.

Les Processions

*Dans la forêt, il n'est de désir
ni même de lassitude ;
comment la forêt peut-elle désirer une partie
alors qu'elle est pourvue de tout ?
À quoi bon l'espoir dans une forêt,
alors que la forêt est l'espoir même ?
Aussi bien il en est une autre raison :
la vie est l'espérance même.*

*Donne-moi le nay et chante,
le chant est feu et lumière ;
et les lamentos du nay sont ardents désirs
que la tempérance ne peut point interdire.*

Le dessein de l'âme est dissimulé dans son tréfonds,
aucune expression ni image ne peut le définir.
Certains disent : « Lorsque l'âme atteint la limite de la perfection,
elle s'anéantit et son message s'en trouve accompli. »
Comme si elle était un fruit qui, dès lors qu'il devient mûr
et que le vent se lève, se voit déchu par l'arbre.
Et d'autres d'ajouter : « Quand le corps repose en paix,
il n'est plus dans l'âme ni sommeil ni éveil. »
Comme si l'âme était une ombre étendue sur un étang,
dès que l'eau se trouble, l'ombre disparaît sans laisser de traces.
Toutefois, tous se fourvoient. Car l'essence ne se laisse pas

Les Processions

enterrer avec son corps ni mourir avec son âme.
À chaque fois que le vent du nord plie les franges d'un
   esprit,
le vent de l'est se lève et les déplie.

Dans la forêt, il n'est de différence
entre corps et âme ;
car l'air est de l'eau qui flâne
et la rosée est de l'eau qui se repose ;
le parfum est une fleur qui se dilate
et une pierre précieuse est une fleur qui s'est cristallisée.
L'ombre du peuplier n'est autre qu'un peuplier
qui, croyant qu'il faisait nuit, s'est alors endormi.

Donne-moi le nay et chante,
le chant est harmonie entre âme et corps ;
et les lamentos du nay vivront
bien au-delà de tout crépuscule et toute aurore.

Le corps est une matrice pour l'âme ; celle-ci y demeure
jusqu'à maturité, puis s'élève et le corps d'être inhumé ;
l'âme est ainsi l'embryon ; et qu'est-ce que le jour de
   la mort,
si ce n'est celui de l'enfantement, sans fausse-couche
   ni césarienne ?
Toutefois en l'homme il est des mauvais esprits voués
à être des arcs inféconds que nulle corde ne peut
   tendre.

Les Processions

L'âme, c'est la quintessence même ;
elle n'est pas conçue dans le sable du désert ni le limon
   de la terre.
Que de plantes, sur terre, sont dépourvues de parfum
et que de nuages, par-dessus l'horizon, dénués de pluie !

Dans la forêt, il n'est de stérilité
ni même d'adoption.
Dans une datte, il est un noyau
qui recèle le secret du palmier ;
et dans un rayon de miel se cache
le symbole de la ruche et des champs.
Stérilité ne signifie
rien d'autre que léthargie.

Donne-moi le nay et chante,
le chant est un corps fluide ;
et les lamentos du nay vivront
bien au-delà de tous les monstres et les hybrides.

La mort sur terre est une fin pour le fils de la terre
mais pour celui de l'éther, elle est commencement et
   victoire.
Qui étreint une aube dans ses rêves, survivra ;
qui dort toute la nuit durant, disparaîtra ;
et qui, dès son éveil, s'attache à la terre,
continuera à l'étreindre jusqu'à l'extinction de Vénus.
La mort est comme la mer, celui dont les éléments sont
   légers
la traversera, et celui qui porte le boulet de la matière
   y sombrera.

Les Processions

*Dans la forêt, il n'est de tombes
ni même de morts ;
car quand avril n'est plus,
la joie n'en meurt guère.
Le spectre de la mort est une illusion
qui s'évanouit au fond des cœurs.
Vivre un printemps,
c'est vivre tout le temps.*

*Donne-moi le nay et chante,
le chant est le secret de l'éternité ;
et les lamentos du nay vivront
bien au-delà de la fin de l'existence.*

*Donne-moi le nay, chante
et oublie tout ce que toi et moi avons dit ;
car les mots ne sont que poussières,
parle-moi plutôt de tes actes.*

*As-tu, comme moi, abandonné la vie des palais
pour préférer celle de la forêt,
suivant ainsi les rivières
et gravissant les rochers ?*

*T'es-tu baigné dans les parfums de la nature ?
T'es-tu essuyé avec la lumière du jour ?
Et t'es-tu enivré de l'aurore
dans des coupes d'éther ?*

*T'es-tu, comme moi, assis au crépuscule
parmi les ceps de vigne,
et les grappes qui pendent
comme des lustres en or ?*

Les Processions

*Pour l'assoiffé, ce sont des sources
et pour l'affamé, de la nourriture,
mais encore du miel et de la fragrance,
voire du vin pour celui qui en désire.*

*T'es-tu couché sur l'herbe la nuit
et t'es-tu recouvert de cieux,
renonçant à l'avenir
et oublieux du passé ?*

*Le silence de la nuit est une mer
dont les vagues déferlent dans ton ouïe.
Et au sein de la nuit il est un cœur
qui palpite dans ton lit.*

*Donne-moi le nay et chante ;
oublie maux et remèdes.
Car tout homme n'est qu'un mot
écrit avec de l'eau.*

*Ô combien j'aimerais savoir à quoi bon
tous ces rassemblements et encombrements,
tous ces discussions et tumultes,
toutes ces protestations et disputes !*

*Tout cela n'est que galeries de taupe
et toiles d'araignée.
Qui vit avec embarras,
avec lenteur mourra.*

Les Processions

Si je vivais dans la forêt et que je parvenais
à empoigner mes jours, ils finiraient par s'y disperser.
Mais le destin a son propre dessein en mon âme, et à chaque fois
que je désire la forêt, pour maintes raisons il m'en détourne.
La destinée a ses propres chemins que nul ne peut modifier ;
et faute d'accomplir ses propres desseins, l'homme finit par s'y résigner.

MERVEILLES ET CURIOSITÉS

Cœur et écorce

Je n'ai bu de coupe de fiel sans que sa lie eût été de miel.

Je n'ai gravi de côte escarpée sans avoir atteint un plateau verdoyant.

Je n'ai égaré d'ami dans la brume du soir sans l'avoir retrouvé dans la clarté de l'aurore.

Et que de fois j'ai dissimulé mes douleurs et mes brûlures sous le voile de la patience, croyant en recevoir récompense et grâce ! Toutefois lorsque j'ai tiré le voile, j'ai vu les douleurs transformées en béatitude et les brûlures en fraîcheur et quiétude.

Et que de fois j'ai marché avec un compagnon dans le monde visible, me disant : « Comme il est idiot et lourdaud ! » Mais dès que j'ai atteint le monde occulte, tu nous as trouvés, moi-même despotique et tyrannique, et lui sérieux et gracieux.

Et que de fois je me suis grisé du vin du *soi*, et tu nous as pris mon compagnon et moi pour loup et brebis ! Et dès lors que je me suis dégrisé, tu nous as vus comme deux êtres humains.

Ô gens, vous et moi sommes épris de ce qui est apparent dans notre état, aveugles à ce qui est caché dans notre vérité. Si l'un de nous tombe, nous le qualifions

Merveilles et curiosités

d'ignoble ; et s'il marche à petits pas, nous le traitons de vieillard décrépit. S'il balbutie, nous le considérons comme muet ; et s'il pousse un soupir, nous présumons que c'est un râle d'agonie.

Vous et moi sommes passionnés pour l'écorce du *moi* et les superficialités du *vous ;* c'est pour cela que nous n'apercevons pas ce que l'esprit a celé dans le *moi* ni ce qu'il a enfoui dans le *vous*.

Que pouvons-nous faire puisque, envahis par la vanité, nous sommes insouciants de ce qui est vrai en nous ?

Je vous le dis, et peut-être mes paroles masquent-elles la face de ma vérité, je le dis aussi bien à vous qu'à moi-même, ce que nous voyons de nos propres yeux n'est autre qu'un nuage qui dissimule ce qu'il faudrait que nous percevions par notre vue intérieure, et ce que nous écoutons de nos oreilles n'est autre qu'un tintement qui perturbe ce qu'il faudrait saisir par notre cœur. Ne nous hâtons pas de déduire que c'est là le malfaiteur quand nous voyons un individu conduit par le gendarme en prison. Ne concluons pas, en voyant un cadavre avec à côté un homme qui a du sang sur les mains, qu'il s'agit de la victime et de l'assassin. Assurons-nous de savoir, quand nous entendons un homme chanter et un autre se lamenter, qui parmi eux deux est véritablement gai.

Non, mon frère, ne cherche pas la vérité d'un homme au moyen de ce qu'il laisse apparaître, et ne prends pas ce qu'il dit ou fait comme repère pour le fond de sa pensée. Celui que tu considères comme ignorant à cause de la lourdeur de ses propos et de la pâleur de son style, souvent sa conscience est un art de penser et son cœur, un réceptacle d'oracles. Et celui que tu méprises en raison de son visage hideux et de son état piteux, souvent il est sur terre l'un des dons des cieux, et parmi les humains l'un des souffles de Dieu.

Si un jour tu rends visite à des gens qui habitent un palais et à d'autres une hutte, tu sortiras de chez les premiers émerveillé et de chez les seconds apitoyé ; toutefois si tu pouvais déchirer ce que tissent tes sens à partir des apparences, ton émerveillement se contracterait et déclinerait jusqu'à la désolation, et ta pitié se transformerait et s'élèverait jusqu'à la vénération.

Si tu rencontres dans la journée deux hommes, dont l'un te laisse percevoir dans sa voix les hurlements du vent et dans ses gestes la terreur des guerriers, et l'autre, apeuré, te parle avec une voix chevrotante et des mots entrecoupés, alors tu attribueras la vigueur et la vaillance au premier, tout comme la faiblesse et la couardise au second ; toutefois si tu pouvais les voir affronter les difficultés ou mourir en martyrs pour un principe, tu comprendrais que les fanfaronnades de pacotille ne sont pas le courage, tout comme la timidité silencieuse n'est pas lâcheté.

Si tu vois par ta fenêtre passer à ta droite une religieuse et à ta gauche une prostituée, tu te hâteras de dire : « Qu'elle est noble celle-ci et ignoble celle-là ! » Mais si pour un instant tu fermais les yeux et écoutais attentivement, tu percevrais une voix susurrant dans l'oreille de l'éther ces mots : « Celle-ci Me loue par la prière et celle-là M'implore par la souffrance, et dans l'âme de chacune d'elles il est une ombrelle pour Mon esprit. »

Si tu sillonnes la terre en quête de ce tu appelles des

Merveilles et curiosités

pays civilisés et développés, et que tu entres dans une ville parsemée de grands palais, de somptueux édifices et de larges rues, tu verras ses habitants se précipiter çà et là, dont certains percent la terre, d'autres planent dans l'espace, d'autres encore puisent dans les éclairs ou interrogent les airs, et tous parés d'élégants habits comme s'ils étaient dans une fête ou dans une foire.

Quelques jours plus tard tu atteins une autre ville dont les maisons sont misérables et les rues étroites ; si le ciel déverse de la pluie sur elle, ses quartiers se transformeront en îlots de glaise dans une mer de boue, et si le soleil la fixe du regard, elle deviendra un nuage de poussière. Quant à ses habitants, ils vivent toujours entre l'instinct et la simplicité, telle une corde détendue entre les deux extrémités d'un arc. Ils marchent avec lenteur et travaillent avec langueur ; et on dirait que derrière leurs regards portés vers toi il est des yeux qui fixent quelque chose au-delà de toi. Aussi, écœuré, tu quittes leur pays en te disant secrètement : « La différence entre ce que j'ai vu dans l'autre ville et celle-ci est aussi grande qu'entre la vie et l'agonie. Là-bas il y a la force dans son flux, ici la faiblesse dans son reflux. Là-bas la diligence est un printemps et un été, ici l'indolence est un automne et un hiver. Là-bas la persévérance est une jeunesse dansant dans un jardin, ici la défaillance est une vieillesse étendue sur de la cendre. »

Toutefois si tu avais pu regarder ces deux villes avec la lumière de Dieu, tu les aurais vues tels deux arbres côte à côte dans un seul verger. Ta réflexion sur leur vérité se serait élargie jusqu'à ce que tu puisses voir que ce que tu imaginais comme progrès dans l'une d'elles n'était autre que des bulles étincelantes et éphé-

Cœur et écorce

mères, et que ce que tu considérais comme indolence dans l'autre était en fait un joyau secret et inaltérable.

Non, la vie n'est pas dans son écorce mais dans ses replis, ni le monde visible dans sa pelure mais dans sa pulpe, ni les êtres dans leur visage mais dans leur cœur.

Non, la religion n'est pas dans ce que font apparaître les temples ni dans ce que montrent les rites et les traditions, mais dans ce qui se cache dans les âmes et ce qui se cristallise dans les intentions.

Non, l'art n'est pas dans ce que tes oreilles perçoivent comme notes et altérations dans une mélodie, ou comme carillonnement de mots dans un poème, ni ce que tes yeux voient comme traits et couleurs dans une toile. L'art réside plutôt en ces espaces muets et frémissants qui s'étendent entre les notes et les altérations dans une mélodie. Et en ces infiltrations en toi, à travers le poème, de ce qui est resté silencieux, paisible et solitaire dans l'âme du poète. Et en ce que la toile t'inspire, ainsi en la fixant tu verras ce qui est plus loin et plus beau que la toile même.

Non, mon frère, les jours et les nuits ne se réduisent pas à leurs apparences. Et moi, qui marche dans la procession des jours et des nuits, je ne puis être mesuré dans les mots que je te soumets sauf à l'aune de ces paroles issues de mon paisible for intérieur. Donc, ne me considère pas comme ignorant avant d'examiner mon *moi* secret, et ne t'illusionne pas en me prenant pour un génie avant de me dépouiller de mon *moi* acquis. Ne dis pas que je suis avare avant de voir mon cœur, ni généreux avant de connaître ce qui m'inspire de la générosité. Ne me considère pas comme un être

Merveilles et curiosités

aimant jusqu'à ce que mon amour se révèle à toi avec tout ce qu'il contient comme lumière et feu, ni comme un être sans souci jusqu'à ce que tu touches mes plaies béantes.

Mon âme regorge de ses fruits

Mon âme regorge de ses fruits, n'en est-il pas un qui ait faim pour venir les cueillir et s'en délecter jusqu'à satiété ?

N'en est-il pas un qui soit à jeun et avide de compassion pour venir rompre son jeûne en mangeant de ma récolte, me soulageant ainsi du poids de ma surabondance ?

Mon âme ploie sous le faix de l'or et de l'argent, n'en est-il pas un qui vienne remplir sa bourse et alléger mon fardeau ?

Mon âme déborde du vin des âges, ne trouverai-je pas un seul homme assoiffé qui vienne s'en servir et s'en assouvir ?

Admire cet homme qui, se tenant debout en pleine rue et étalant ses bijoux à pleine main, interpelle les passants, les suppliant : « Ayez pitié de moi, prenez ce que j'ai dans les mains. De grâce, prenez-en. » Toutefois tout le monde passe et nul ne se retourne.

Il aurait été préférable qu'il fût un mendiant qui errerait dans les rues, tendant ses mains tremblotantes aux passants pour les refermer tout aussi vides que frémissantes. Il aurait été préférable qu'il fût un aveugle assis

Merveilles et curiosités

à même la terre, et les gens le croiseraient sans y prêter attention.

Admire cet homme fortuné et généreux qui, après avoir dressé ses tentes entre désert et montagne, allume chaque nuit le feu de l'hospitalité et envoie ses serviteurs guetter les chemins dans l'espoir de lui ramener un invité qu'il recevrait avec tant d'égards. Toutefois les chemins sont avares ; ils n'accordent à ses dons nul secours et nul quémandeur.

Il eût été préférable qu'il menât une vie de gueux et de paria, errant dans la ville, en ayant pour toute fortune un bâton dans la main et un balluchon sur son épaule. Et à la tombée de la nuit il rejoindrait ses pairs vagabonds dans les recoins des rues ; il prendrait alors place auprès d'eux, partageant avec eux le pain de la charité.

Admire la fille du roi qui dès son réveil le matin se pare de son manteau de pourpre, ainsi que des ses perles et rubis ; puis les cheveux oints de musc et les ongles d'ambre, elle sort se promener dans son jardin et les gouttelettes de rosée de scintiller sur les pans de sa robe. Et dans la quiétude de la nuit elle ressort marcher dans son éden en quête de son soupirant, mais dans le royaume de son père il n'est personne pour l'aimer.

Il eût été préférable qu'elle fût une fille de paysan qui ferait paître les brebis de son père dans les vallées et qui le soir regagnerait sa hutte, les pieds recouverts de la poussière des sentiers escarpés, exhalant, des plis de sa robe, le parfum des vignes. Et dès lors que la nuit tomberait et que le sommeil régnerait, ses pas s'esquiveraient à la rencontre de son bien-aimé.

Mon âme regorge de ses fruits

Il eût été préférable qu'elle fût une religieuse vivant dans un couvent, dont le cœur brûlerait comme de l'encens afin que l'air en diffuse le parfum et dont l'esprit se consumerait comme un cierge afin que l'éther en élève la lumière. Elle s'agenouillerait pour prier et les esprits du monde invisible porteraient ses prières jusqu'aux écrins des âges dans lesquels sont préservées celles des pieux auprès de la ferveur des amoureux et les pensées des solitaires.

Il eût été préférable qu'elle fût une vieille femme assise au soleil se remémorant ceux qui avaient partagé sa jeunesse, au lieu d'être la fille du roi alors que dans le royaume de son père il n'est personne qui consumerait son cœur et son sang comme du pain et du vin.

Mon âme regorge de ses fruits, n'en est-il pas un sur terre qui ait faim pour venir les cueillir et s'en délecter jusqu'à satiété ?

Mon âme déborde de son vin, n'en est-il pas un qui ait soif pour venir s'en servir et s'en assouvir ?

Puissé-je être un arbre qui ne fleurit ni ne porte de fruits. Car la douleur de la fertilité est plus amère que celle de la stérilité, et la souffrance d'un riche qui cherche à donner mais dont nul ne veut rien recevoir est plus terrible que le désespoir d'un pauvre qui quémande mais à qui nul ne veut rien donner.

Puissé-je être un puits sec au fond duquel les passants jetteraient des pierres. Car cela est moins pénible à supporter que d'être une source d'eau vive offerte aux assoiffés qui la longeraient sans chercher à s'y désaltérer.

Puissé-je être un roseau brisé et foulé aux pieds. Car

Merveilles et curiosités

cela vaudrait mieux que d'être une lyre aux cordes d'argent dans une demeure dont le maître a les doigts amputés et dont les enfants sont sourds.

Une poignée de sable

La mélancolie de l'amour fredonne, celle de la connaissance parle, celle des désirs murmure et celle de la misère pleure. Toutefois, il est une mélancolie plus profonde que l'amour, plus noble que la connaissance, plus forte que les désirs et plus amère que la misère, mais elle est muette, sans voix, et ses yeux scintillent comme les étoiles.

Lorsqu'à ton prochain tu te plains d'un malheur, tu lui offres une partie de ton cœur. Si son âme est noble, il t'en saura gré ; si elle est vile, il te méprisera.

Le progrès ne consiste pas seulement à rendre meilleur le passé, mais aussi à rendre plus proche le futur.

L'humilité est un voile qui cache les traits de la grandeur, la vanité est un masque qui dissimule le visage du malheur.

Merveilles et curiosités

Pour calmer sa faim l'homme sauvage cueille le fruit d'un arbre et le mange. Quant à l'homme civilisé, il achète un fruit de celui qui l'a acheté de l'homme qui l'avait acheté de cet autre qui le cueillit.

L'art est un pas du connu apparent vers l'inconnu caché.

Certaines personnes m'incitent à leur faire des confidences afin de se délecter du plaisir de montrer, à mon égard, de l'indulgence.

Je n'ai jamais saisi, chez l'homme, le fond de sa pensée sans qu'il me considère comme son obligé.

La terre inspire et nous poussons notre premier cri. La terre expire et nous rendons le dernier soupir.

L'œil chez l'homme est une loupe : il lui révèle le monde bien plus grand qu'il ne l'est en réalité.

Que le ciel me préserve de ceux qui considèrent l'insolence comme du courage et la gentillesse comme de la lâcheté.

Une poignée de sable

Que Dieu me garde de ceux qui croient que le verbiage est savoir, le silence ignorance et le maniérisme art.

Prendre conscience de la difficulté d'un problème, ce serait prendre le chemin le plus facile pour le résoudre.

On me dit : « Si tu vois un esclave dormir, ne le réveille pas. Peut-être rêve-t-il de liberté. » À ceci je réponds : « Si je vois un esclave dormir, je le réveillerai et lui parlerai de liberté. »

L'esprit de contradiction est le plus infime degré de l'intelligence.

Le beau nous captive, mais le sublime nous en délivre.

L'enthousiasme est un volcan ; autour de son cratère l'herbe du doute ne pousse guère.

La rivière poursuit son chemin vers la mer, la roue du moulin dût-elle se briser.

Merveilles et curiosités

L'homme de lettres puise dans les pensées et les sentiments afin d'offrir des mots. Le critique, quant à lui, puise dans les mots pour donner quelque peu de pensées et de sentiments.

Tu manges vite et tu marches lentement. Et si tu mangeais avec les pieds et marchais sur les mains !

Dès lors qu'en toi la tristesse ou la joie grandit, à tes yeux le monde s'en trouve rétréci.

Le savoir fait germer tes propres graines, mais il ne saurait semer des graines en toi.

Je n'ai jamais exprimé de la haine sans que celle-ci m'ait été un moyen de défense. Je n'aurais pas eu recours à une telle arme, si j'avais été plus fort.

Si l'arrière-grand-père de Jésus avait su ce qui se cachait en lui, émerveillé, il se serait incliné devant lui-même.

L'amour est un bonheur qui frissonne.

Une poignée de sable

On qualifie mon regard de perçant, car je vois à travers la toile du tamis.

Ma solitude naquit lorsque les hommes louèrent mes verbeux défauts et blâmèrent mes muettes vertus.

Il existe parmi les hommes des assassins alors qu'ils n'ont jamais fait couler le sang et des voleurs sans avoir rien volé ainsi que des menteurs qui n'ont dit que la vérité.

La vérité qui a besoin de preuves est une demi-vérité.

Arrière, sagesse qui ne pleure pas, philosophie qui ne rit pas et grandeur qui, devant les enfants, ne s'incline pas !

Ô Univers pensant ! Toi qui es voilé par les apparences des êtres, existant par les êtres, dans les êtres et pour les êtres, Tu m'entends parce que Tu es mon moi présent et Tu me vois parce que Tu es l'œil intérieur de tout ce qui est vivant. Sème dans mon esprit une des graines de Ta sagesse puis laisse-la germer et grandir pour devenir un jeune arbre dans Ta forêt qui donnera un fruit parmi Tes fruits. Amen.

Un navire dans la brume

Voici le récit d'un homme qui nous réunit jadis dans sa maison isolée sur le versant de la vallée Qadicha, en une nuit ceinte de neiges et tiraillée par les vents. Alors qu'il remuait avec le bout de son bâton les cendres de l'âtre, cet homme nous racontait, disant :

« Ô mes compagnons, voulez-vous que je vous révèle le secret de ma mélancolie, que je vous raconte la tragédie que la mémoire joue chaque jour et chaque nuit sur la scène de mon cœur ? Vous êtes las de mon silence et de mon secret, et vous êtes saturés de mes soupirs et de mes tourments. Et certains parmi vous s'enquéraient en disant : " Si cet homme ne nous invitait pas au temple de ses douleurs, comment pourrions-nous alors franchir la demeure de son amitié ? " Vous avez raison, mes compagnons. Qui ne participe pas à notre souffrance ne partagera rien avec nous. Prêtez donc l'oreille à mon histoire. Écoutez-la, mais point d'apitoiement. Car la pitié pourrait convenir aux pauvres ; quant à moi, je reste fort jusque dans mon affliction.

Depuis l'aube de ma jeunesse, aussi bien dans mes rêves que dans mes rêveries, je vois le fantôme d'une femme étrangement belle et vertueuse. Dans les nuits

Un navire dans la brume

de solitude, je la voyais debout près de mon lit, et dans le silence profond, je percevais sa voix. Parfois quand je fermais les yeux, je sentais ses doigts effleurer mon front ; je les rouvrais alors et me dressais en sursaut, écoutant de toutes mes oreilles les murmures du néant.

Et je m'interrogeais : " Est-ce mon imagination qui me fait divaguer jusqu'à me perdre dans la brume ? Ai-je façonné de mes songes vaporeux une belle créature à la voix pure et aux doigts si délicats pour se matérialiser en femme ? Ai-je l'esprit si troublé que de sa nébuleuse j'ai créé une compagne intime, une confidente bien-aimée, m'éloignant ainsi des hommes pour être encore plus proche d'elle et fermant les yeux et les oreilles à toutes images et à tous bruits de ce monde pour mieux voir son visage et mieux entendre sa voix ? Serais-je devenu un fou qui, aimant à vivre seul, se façonne avec les fantômes de sa solitude une compagne, une femme-djinn [1] ? "

J'ai bien dit un " djinn ", et ce mot vous étonne. Mais il est certaines expériences qui nous stupéfient et, pis encore, que nous rejetons comme impossibles, mais dont nous ne pouvons effacer la réalité de notre esprit, aussi fort que nous nous y employions.

Cette femme imaginaire était pour moi telle une épouse, partageant avec moi tout ce qu'il y a dans la vie comme aspirations et exaltations. Quand au matin

---

1. *Djinniya,* féminin de djinn, qui signifie : esprit, bon ou mauvais, qui influe sur la destinée dans les croyances arabes. Selon Gibran, *djinniya* est une muse. On l'appelle également *qarina,* « épouse ». C'est le génie tutélaire dans la mythologie — d'ailleurs le mot « génie » serait tiré du mot djinn. Victor Hugo a chanté cet être mythique dans son poème « Les Djinns ».

Merveilles et curiosités

je me réveillais, je la trouvais penchée sur mon oreiller, les yeux brillants de pureté juvénile et d'amour maternel. Dès lors que je concevais un projet, elle m'aidait à le réaliser. À l'heure des repas, elle s'attablait en face de moi, et nous échangions opinions et pensées. Au coucher du soleil, elle venait vers moi, disant : " Nous nous sommes trop attardés en cette maison, allons nous promener à travers collines et vallons. " Alors je quittais mon ouvrage et en lui tenant la main je sortais marcher dans la nature recouverte du voile du soir et enlacée par la magie du silence, jusqu'à atteindre un immense rocher sur lequel nous nous asseyions côte à côte, contemplant le lointain horizon. Elle sollicitait mon regard tantôt sur les nuages ourlés d'or tantôt sur les oiseaux qui avant de trouver leur abri pour la nuit chantaient des louanges en remerciant le ciel pour son don de paix.

Que de fois elle venait me rejoindre dans ma chambre alors que me dévoraient l'angoisse et l'inquiétude. Dès que je l'apercevais, mes tracas et mes chagrins se transformaient en harmonie et sérénité.

Que de fois lorsque je rencontrais certaines gens mon esprit se révoltait et haïssait ce qu'il devinait en leurs âmes. Et dès que je distinguais son visage parmi les leurs, la tourmente retombait dans mes entrailles et, à sa place, s'élevaient des mélodies célestes.

Que de fois j'étais assis seul, le cœur déchiré par les peines de la vie et le cou enchaîné par les contraintes de l'existence. Puis en me retournant je la voyais devant moi, me fixant de ses yeux inondés de lumière et de splendeur ; aussitôt mes nuages se dissipaient, mon

Un navire dans la brume

cœur se réjouissait et la vie se révélait à mes yeux tel un paradis de félicité.

Ô mes compagnons, vous vous demandez comment je pouvais être satisfait de cet état si étrange. Comment un être, au printemps de sa vie, pouvait se contenter de ce que vous appelez mirage, songe et rêve ou encore psychose.

À cela je vous répondrai que les années que j'ai passées dans cet état ont été l'apogée de tout ce que j'ai pu connaître dans la vie comme beauté et gaieté, comme volupté et sérénité. Et je puis vous dire que ma compagne éthérée et moi étions une pensée libre et pure qui vaguait dans la lumière du soleil, voguait sur la surface des eaux et volait dans les nuits de pleine lune, en se laissant transporter de joie par des chants que nulle oreille n'entendit et méditer sur des paysages que nul œil ne vit.

La vie, toute la vie, est en ce que nous expérimentons dans notre esprit ; et l'existence, toute l'existence, est en ce que nous connaissons et prouvons et qui peut nous réjouir ou nous faire souffrir. Et moi, j'ai vécu une expérience dans mon esprit ; je l'ai vécue chaque jour et chaque nuit jusqu'à l'âge de mes trente ans.

Plût au ciel que je fusse mort mille et une fois avant d'avoir atteint cet âge qui subtilisa la sève de ma vie et épuisa le sang de mon cœur, me laissant debout face aux jours et aux nuits, tel un arbre desséché, dépouillé et isolé, dont les branches ne frémissent plus aux chants de la brise et où les oiseaux ne construisent plus leurs nids. »

Il se tut un instant, ferma les yeux en baissant la tête et reposa ses bras sur les accoudoirs de son fauteuil. Il apparut comme s'il avait été l'incarnation de la tristesse. Quant à nous, nous gardions le silence dans l'attente de la suite de son histoire. Puis il rouvrit les yeux et, d'une voix chevrotante émanant des profondeurs d'un être blessé, il poursuivit, disant :

« Vous souvenez-vous, mes compagnons, lorsqu'il y a vingt ans le gouverneur de cette montagne m'envoya à Venise pour une mission, et qu'il me remit une lettre à l'intention du maire de cette ville qu'il avait rencontré à Constantinople ?

J'avais quitté le Liban, en embarquant à bord d'un navire italien. C'était au mois d'avril. L'esprit du printemps ondoyait dans le vent, ondulait avec les vagues et prenait la forme de ravissantes et chatoyantes images dans les nuages qui s'amoncelaient par-dessus l'horizon. Comment vous décrirais-je ces jours et ces nuits que j'ai passés à bord de ce navire. La force des mots reconnus par l'homme ne peut dépasser l'entendement ni les sentiments de l'homme. Or, dans l'esprit réside ce qui est au-delà de l'entendement et ce qui est plus subtil que les sentiments, comment alors les dépeindre en paroles ?

Les années que j'avais vécues avec ma compagne éthérée avaient été ceintes de bienveillance et d'intimité, et débordantes de quiétude et de contentement. Jamais il ne me serait venu à l'esprit que la souffrance était tapie derrière le voile du bonheur et que l'amertume était la lie qui se reposait au fond de ma coupe. Jamais je ne me serais douté qu'une fleur épanouie par-dessus les nuées pouvait se flétrir ni qu'une mélodie chantée par les nymphes de l'aube pouvait s'anéantir. Alors que je m'éloignais de ces collines et vallées, ma

Un navire dans la brume

compagne était assise près de moi dans le véhicule qui nous conduisait vers la côte. Durant les trois jours que je passai à Beyrouth avant mon départ, cette femme-djinn m'accompagnait, la main dans la main, dans les rues et les instituts de la cité, s'arrêtant quand je m'arrêtais, souriant quand un ami m'abordait. Quand je m'asseyais à la terrasse de l'auberge, prêtant l'oreille au vacarme de la cité, elle partageait avec moi contemplations et réflexions. Mais, au moment où la péniche d'embarquement me détachait du port de Beyrouth, à l'instant même où je posais le pied sur le pont du navire, j'éprouvai un changement dans l'espace de mon esprit. Je sentis une main invisible et puissante s'agripper à mon bras et j'entendis une voix profonde me chuchoter ces mots : " Reviens, rebrousse chemin. Retourne à la péniche et regagne le rivage de ton pays avant que le navire ne lève l'ancre. "

Et le navire de gagner le large. Je me sentis comme un oisillon qui aurait été arraché par les serres d'un épervier et emporté loin dans les airs. Au soir, tandis que les cimes du Liban s'étiolaient derrière la brume, je me vis seul à l'avant du navire, alors que la fille de mes rêves, l'amante de mon cœur, la compagne de ma jeunesse, n'était point à mes côtés. La fraîche jeune fille, dont le visage m'apparaissait chaque fois que je contemplais l'espace, dont je trouvais la voix chaque fois que je savourais le silence, dont je trouvais la main chaque fois que je tendais la mienne, n'était point à bord de ce navire. Pour la première fois je me trouvais tout à fait seul dans la vie, entre ciel et mer ainsi que la nuit.

Je restai dans cet état, courant d'un endroit à un

autre en l'interpellant dans mon cœur, scrutant même les vagues dans l'espoir de voir son visage dans les volutes écumeuses.

À minuit, tous les passagers s'étant réfugiés dans leurs lits, je demeurai seul, en proie à l'égarement et à l'anxiété. Soudain, retournant la tête, je l'aperçus à quelques pas debout dans la brume. Alors, me dressant en sursaut et étendant les bras vers elle, je criai : " Pourquoi m'as-tu abandonné dans ma solitude ? Où es-tu partie, ma compagne ? Approche-toi et ne me quitte plus jamais. "

Elle demeura immobile et son visage laissa apparaître des marques d'affliction et de désolation que je n'avais jamais vues aussi terribles de toute ma vie. Puis d'une voix sourde elle me dit : " Des profondeurs de la mer je suis remontée afin de te voir une dernière fois. À présent je dois y retourner. Va rejoindre ton lit et livre-toi au sommeil et aux rêves. "

À peine put-elle prononcer ces mots que déjà elle se confondait dans la brume et disparaissait. Je me mis alors à crier avec insistance, tel un enfant affamé ; j'étendis les bras en tout sens sans rien pouvoir étreindre, si ce n'est l'air de la nuit chargé de rosée.

Puis j'entrai dans ma cabine et dans mon âme je sentis des éléments qui montaient et qui descendaient tout en virevoltant et se heurtant, comme si dans le ventre de ce navire j'étais un autre navire voguant sur les flots du désespoir et de la confusion. Curieusement, dès que j'eus posé la tête sur mon oreiller, je sentis mes paupières appesanties et mon corps engourdi, alors je dormis d'un profond sommeil jusqu'au matin. Et je fis un rêve dans lequel je vis ma compagne crucifiée sur

Un navire dans la brume

un pommier en fleur, et les gouttes de sang coulaient de ses mains et de ses pieds tout au long des branches et des rameaux pour se laisser choir sur les brins d'herbe.

Entre firmament et abysses, le navire continua à fendre les flots des jours et des nuits durant, et moi à son bord ne sachant au juste si j'étais un être humain en route vers un pays lointain et pour une mission humaine ou un fantôme errant dans un espace vide ne distinguant que de la brume. Je ne ressentais plus la proximité de ma compagne et ne pouvais plus voir son visage dans mes rêveries ni dans mes rêves. En vain je m'écriais en priant les forces occultes de me faire entendre ne serait-ce qu'une syllabe émise par sa voix ou de me laisser voir une ombre de ses ombres ou encore sentir ses doigts à peine effleurer mon front.

Quatorze jours s'écoulèrent sans parvenir à changer mon état. Le quinzième jour, à l'heure de midi, parut au loin la côte d'Italie et, au crépuscule, le navire entra dans le port de Venise. Une multitude de gens vinrent à la rencontre du navire dans des gondoles décorées de couleurs vives afin de conduire les passagers et leurs effets jusque dans la cité.

Comme vous le savez, mes compagnons, Venise est une ville bâtie sur nombre d'îlots, proches les uns des autres. Ses rues sont des canaux et ses résidences et ses palais sont construits sur l'eau. Les gondoles y sont l'unique moyen de transport.

L'un des gondoliers s'enquit du lieu de ma destination. Et lorsque je lui mentionnai le nom du maire de Venise, il m'adressa un regard grave et respectueux. Puis il se mit à faire force de rames.

Merveilles et curiosités

Tandis que nous avancions, la nuit étendait son manteau sur la cité. Des lumières s'échappaient à travers les fenêtres des palais et des temples et leurs rayons se reflétaient dans l'eau en scintillant et en frissonnant. Venise apparaissait ainsi comme dans le rêve d'un poète épris de l'étrangeté des paysages et du mirage des lieux. Quand la gondole parvint au premier croisement de canaux, j'entendis soudain sonner d'innombrables glas noirs et lugubres dont les notes gémissantes remplissaient le ciel. Bien que je fusse tombé dans un état d'inconscience qui m'éloignait de toutes les apparences extérieures, ces tintements cuivrés me vrillèrent la poitrine.

Le gondolier rangea la gondole et l'amarra à un pieu en bas des marches d'un escalier en pierre conduisant au quai. Il se retourna et pointa son index vers un palais érigé au milieu d'un jardin, disant : " Vous voilà arrivé. " Je quittai la gondole et montai lentement les marches qui menaient au palais, précédant le gondolier qui portait ma valise sur les épaules. Lorsque nous atteignîmes la porte, je le payai et le congédiai en le remerciant. Puis je sonnai et l'on vint m'ouvrir. Je fus accueilli par un groupe de domestiques qui se courbèrent pour me saluer tout en pleurant discrètement. Cela m'intrigua.

Quelques instants plus tard un domestique d'un âge avancé s'approcha de moi ; par-dessus son regard posé sur moi, ses paupières se révélèrent ulcérées. Et il m'interrogea en soupirant : " Monsieur, que puis-je faire pour votre service ? — Est-ce bien ici le domicile du maire ? " m'enquis-je. Il opina de la tête en signe de réponse positive.

Un navire dans la brume

Alors je lui tendis la lettre que m'avait remise le gouverneur du Liban. Il la prit et lut en silence le nom du maire de Venise inscrit sur l'enveloppe ; puis d'un pas lent il disparut au fond d'un couloir.

Tout cela se déroula devant mes yeux et je ne savais que penser, que faire. Puis je m'approchai d'une jeune servante et lui demandai la cause de leur affliction et de leurs pleurs. Elle me répondit alors avec peine : " Que c'est étrange que vous ne le sachiez pas ! La fille du maire a rendu l'âme aujourd'hui même. " N'ajoutant aucun autre mot à sa réponse, elle se couvrit le visage de ses mains et fondit en larmes.

Figurez-vous, mes compagnons, l'état d'un homme qui avait traversé la mer, telle une nébuleuse pensée égarée par l'un des géants de l'espace entre les vagues écumeuses et la brume cendreuse. Imaginez-vous l'état d'un jeune homme qui avait passé deux semaines parmi les hurlements du désespoir et les cris des abysses et qui, au terme de son voyage, arrive au seuil d'une maison dans laquelle déambulent les fantômes de l'affliction et dont les recoins regorgent de funestes lamentations. Imaginez, mes compagnons, les sentiments d'un étranger en quête d'hospitalité dans un palais envahi par les ailes de la mort.

Après avoir remis la lettre à son maître, le domestique revint et, s'inclinant devant moi, il me dit : " Veuillez me suivre, monsieur. Le maire vous attend. "

Il me conduisit jusqu'à une porte se trouvant au fond d'un corridor et me fit signe d'entrer. Je pénétrai donc dans un immense salon haut de plafond et éclairé par des cierges. S'y trouvait réunie une assemblée de notables et de prêtres, tous plongés dans un profond

Merveilles et curiosités

silence. À peine avais-je avancé de quelques pas qu'un vieil homme à la barbe longue et blanche, au dos voûté par la tristesse et au visage sillonné par les douleurs, se leva et se dirigea vers moi pour m'accueillir, disant : " Mauvaise fortune que celle qui veut que nous vous recevions, vous qui venez d'un pays lointain, en un jour où nous perdons notre fille, l'être qui nous est le plus cher dans la vie. Mais j'espère que notre deuil ne nuira en rien à la mission dont vous êtes chargé ; soyez-en assuré, mon fils. "

Je le remerciai de son amabilité et lui exprimai mes condoléances par des mots quelque peu désordonnés.

Il me conduisit ensuite jusqu'à un siège près de lui et je me mêlai à l'assemblée silencieuse. Comme je regardais les visages tristes de l'assistance et que j'écoutais ses soupirs plaintifs, je sentis mon cœur se serrer de chagrin et de détresse. Une heure plus tard, les membres de l'assistance quittèrent un à un le salon et seuls le père accablé de douleur et moi-même restâmes. Quand, à mon tour, je voulus partir, il me retint en disant : " Mon ami, de grâce ne partez pas. Si notre compagnie affligeante vous est supportable, soyez notre hôte. " Ses paroles me touchèrent profondément et j'inclinai la tête en signe d'acquiescement. Puis il ajouta : " Vous les Libanais, êtes tellement pleins d'égards envers l'hôte. Pourquoi ne pas rester chez nous afin que nous vous montrions le peu que nous savons offrir à l'étranger dans notre pays ! "

Il agita une sonnette en argent et, en réponse à son appel, se présenta le chambellan vêtu d'un habit brodé et broché. " Conduisez notre invité à la chambre de

Un navire dans la brume

l'aile est, dit le maire, et prenez grand soin de lui en veillant sur ses repas et son confort. "

Le chambellan m'emmena jusqu'à une vaste chambre merveilleusement aménagée : de somptueux meubles, des murs tapissés de toiles et de tentures en soie, et au milieu un lit imposant aux couvertures et oreillers brodés.

Dès qu'il sortit, je m'affalai dans un fauteuil et me mis à réfléchir sur ma situation en ce pays étranger, sur les premières heures passées loin de mon propre pays.

Quelques instants plus tard, le chambellan revint, portant mon dîner sur un plateau. Après l'avoir remercié et avoir mangé avec peu d'appétit, durant deux heures j'arpentai la chambre en m'arrêtant par moments devant la fenêtre d'où je pouvais contempler le ciel vénitien et entendre les appels des gondoliers ainsi que le battement rythmé de leurs rames, jusqu'à ce que le sommeil me gagnât et que ma vision chancelât entre les manifestations de la vie et ses secrets. Je me laissai alors choir sur le lit et glisser dans une sorte d'état second, où l'ivresse de la somnolence était en harmonie avec la lucidité de l'état de veille, où les souvenirs alternaient avec l'oubli comme le flux et le reflux se relaient sur les rivages. Je ressemblais à un champ de bataille où des escadrons de cavalerie se battent en silence et, dès lors que la mort terrasse leurs capitaines s'en vont en silence.

J'ignore combien d'heures je dus passer dans cet état. En vérité, l'esprit peut traverser de vastes espaces de vie que nous ne saurions mesurer à l'aune de l'échelle du temps inventée par l'homme.

Non, je ne sais combien de temps je dus rester ainsi.

Merveilles et curiosités

Tout ce que je savais alors, et dont je me souviens encore, c'est que pendant que j'étais dans cet état de trouble je sentais une existence vivante près de ma couche, une puissance frémissante dans l'espace de la chambre, je sentais un être éthéré m'interpeller et m'inciter à me lever, sans pour autant utiliser ni de voix ni de signes perceptibles. Je me mis alors debout et sortis de la chambre pour traverser un couloir, irrésistiblement aimanté par une force inconnue. Je marchais malgré moi, comme un somnambule qui vogue dans un monde entièrement dépourvu de ce que nous appelons espace et temps. Arrivé au bout du couloir, j'entrai dans une grande salle. En son milieu se trouvait un cercueil ouvert et, autour, des chandeliers et des fleurs. Je m'approchai pour m'agenouiller à côté de la bière et regarder la défunte. Et je vis le visage de ma bien-aimée ! Sous le voile de la mort je reconnus le visage même de la compagne de mes rêves. La femme que j'aimais à outrance était là, devant moi, dans ce corps inerte vêtu de blanc, entouré de fleurs immaculées et veillé par le silence des éons et la gravité de l'éternité.

Ô Dieu de l'amour, de la vie et de la mort, Toi qui crées nos âmes et les guides dans ces lumières et ces ténèbres, Toi qui fais éclore nos cœurs que Tu animes par la suite d'espérance et de souffrance, Tu m'as montré ma compagne dans ce corps transi, Toi qui m'as conduit d'un pays à un autre pour me révéler le dessein de la mort dans la vie et la volonté de la douleur dans la joie, Toi qui as fait germer un lys blanc dans le désert de ma solitude ; puis Tu m'as emmené jusqu'à une vallée lointaine et là m'as montré le même lys mais fané.

Mes compagnons, compagnons de mon renoncement

Un navire dans la brume

et de mon isolement, Dieu a voulu que je boive la coupe amère de la vie. Que Sa volonté soit faite. Nous les humains, atomes frétillants dans un espace incommensurable, ne pouvons qu'obéir à la Providence et nous plier à Sa volonté. Quand nous aimons, notre amour n'est ni de nous ni pour nous. Et lorsque nous nous réjouissons, notre joie n'est pas en nous mais dans la vie même. Et si nous souffrons, la souffrance n'est pas dans nos blessures mais dans les entrailles de la nature tout entière.

En faisant ce récit, mon dessein n'était pas de me plaindre ; car celui qui se plaint doute de la vie. Quant à moi, j'ai la foi. Je crois à la vertu de cette amertume qui vient se mélanger dans chaque gorgée que je bois dans la coupe des nuits. Je crois à la beauté de ces clous qui me percent la poitrine. Je crois à la clémence de ces doigts d'acier qui déchirent la membrane de mon cœur.

Voilà mon histoire. Mais comment arriver à son terme alors qu'en vérité elle n'a point de fin ? Agenouillé, je restai devant le cercueil, fixant le visage de cette fille que j'aimais dans mes rêves, jusqu'à ce que l'aube posât la main sur les vitres des fenêtres. Dès lors je me levai et revins à ma chambre en m'appuyant sur les douleurs de l'humanité tout en étant ployé sous le pesant fardeau de l'éternité.

Trois semaines plus tard je quittai Venise pour rentrer au Liban avec le sentiment d'avoir passé des siècles et des siècles dans les profondeurs du temps. Je rentrais au Liban comme tout Libanais qui à son retour d'un pays étranger trouve le sien étranger.

Veuillez m'excuser, mes compagnons. J'ai dû être long ! »

Les sept étapes

À sept reprises j'ai réprimandé mon âme.

La première fois, quand elle a tenté de recevoir des honneurs au moyen de l'humilité.

La deuxième, lorsqu'elle a feint de boiter devant les impotents.

La troisième, au moment où, ayant le choix entre la difficulté et la facilité, elle a opté pour la seconde.

La quatrième, quand, ayant commis une erreur, elle s'est consolée avec les erreurs des autres.

La cinquième, lorsqu'elle s'est résignée à la patience par faiblesse, en attribuant sa patience à sa propre force.

La sixième, au moment où elle a relevé les pans de sa robe pour échapper à la boue de la vie.

Et la septième fois, quand elle a chanté un hymne de louanges à Dieu en prenant les louanges pour vertu.

Mon âme m'a sermonné

Mon âme m'a sermonné et m'a appris à aimer ce que les gens rejettent et à traiter en ami celui qu'ils insultent. Et elle m'a révélé que la vertu de l'amour n'est pas en celui qui aime mais en celui qui est aimé.

Et avant que mon âme ne m'ait sermonné, l'amour en moi était un mince fil tendu entre deux pieux rapprochés. Mais à présent il s'est transformé en un halo dont le commencement et la fin ne font qu'un et qui entoure tout ce qui existe, s'étendant lentement pour étreindre tout ce qui existera.

Mon âme m'a sermonné et m'a appris à voir la beauté au-delà de la forme, de la couleur et de la peau, et à contempler ce que les gens qualifient de hideux jusqu'à ce qu'il m'apparaisse gracieux.

Et avant que mon âme ne m'ait sermonné, je voyais la beauté en flammes frétillantes au milieu des colonnes de fumée. Mais aujourd'hui la fumée s'est dissipée, je ne vois plus que le feu.

Mon âme m'a sermonné et m'a appris à écouter des voix qui ne naissent point sur des langues ni au travers des gorges.

Et avant que mon âme ne m'ait sermonné, j'étais dur d'oreille, je n'entendais que tumulte et vacarme. Mais

Merveilles et curiosités

à présent, je suis tout oreilles à l'écoute du silence et de ses chœurs chantant les hymnes des temps, psalmodiant les louanges du firmament, révélant les secrets de l'invisible.

Mon âme m'a sermonné et m'a appris à boire ce qui ne peut être pressé ni versé dans des coupes, qui ne peut être levé par des mains ni effleuré par des lèvres.

Et avant que mon âme ne m'ait sermonné, ma soif était une braise tapie dans un amas de cendres que j'éteignais par une poignée d'eau de ruisseau ou par une gorgée de vin du pressoir. Mais aujourd'hui mon désir ardent est devenu ma coupe, ma soif mon breuvage et ma solitude mon ivresse. Je ne peux et ne pourrai jamais être assouvi ; cependant en cette inextinguible fièvre s'élève une extase sans fin.

Mon âme m'a sermonné et m'a appris à toucher ce qui ne peut être incarné en un corps ni ne peut être cristallisé ; et elle m'a enseigné que le sensible est la moitié de l'intelligible et que tout ce que nous saisissons n'est qu'une part de ce que nous désirons.

Et avant que mon âme ne m'ait sermonné, je me contentais de ce qui était chaud lorsque j'avais froid, de ce qui était froid lorsque j'avais chaud et de ce qui était tiède quand j'étais tempéré. Mais à présent mes points de contact se sont éparpillés et se sont transformés en une brume épaisse qui traverse tout ce qui apparaît dans l'existence pour se mêler dans tout ce qui y est caché.

Mon âme m'a sermonné et m'a appris à respirer ce qui ne peut être émis par les myrtes ni par les encens.

Et avant que mon âme ne m'ait sermonné, quand j'éprouvais l'envie de sentir des parfums, j'allais à la

Mon âme m'a sermonné

recherche des jardins, des amphores ou des encensoirs. Mais aujourd'hui je puis humer ce qui ne peut se brûler ni ne peut être versé. J'emplis ma poitrine de souffles exquis qui n'ont jamais vogué sur les vergers de ce monde et qui n'ont jamais été portés par cet espace.

Mon âme m'a sermonné et m'a appris à répondre présent à l'appel du redoutable inconnu.

Et avant que mon âme ne m'ait sermonné, je ne me retournais que pour une voix qui m'était connue, je ne marchais que sur des sentiers que j'avais expérimentés et fini par trouver commodes. Mais à présent le connu est devenu une monture que j'enfourche en direction de l'inconnu, et la commodité, une échelle que je gravis pour atteindre le redoutable.

Mon âme m'a sermonné et m'a appris à ne pas mesurer le temps à l'aune d'hier et de demain.

Et avant que mon âme ne m'ait sermonné, je croyais que le passé était un temps sur lequel je ne pouvais revenir et que le futur était un temps auquel je ne pouvais parvenir. Mais aujourd'hui je sais que dans l'instant présent se loge le temps tout entier avec tout ce qu'il contient comme aspirations, actions et réalisations.

Mon âme m'a sermonné et m'a appris à ne pas limiter l'espace avec ces mots : ici, là et là-bas.

Et avant que mon âme ne m'ait sermonné, où que j'allais j'avais l'impression d'être loin de tout autre point de la terre. Mais à présent je sais que tout endroit où je me trouve recèle tout lieu, et le trajet que je parcours embrasse toutes les distances.

Mon âme m'a sermonné et m'a appris à veiller pendant que dorment les habitants du quartier, et à me livrer au sommeil lorsqu'ils se réveillent.

Et avant que mon âme ne m'ait sermonné, je ne voyais pas leurs rêves dans mon sommeil ni eux ne pouvaient voir les miens pendant qu'ils dormaient. Mais aujourd'hui je vogue dans mon sommeil sans qu'ils cherchent à m'observer, et ils ne volent pas dans leurs rêves sans que je me réjouisse de les voit libérés.

Mon âme m'a sermonné et m'a appris à ne pas m'exalter si je suis loué et à ne pas m'attrister si je suis blâmé.

Et avant que mon âme ne m'ait sermonné, j'avais toujours un doute sur la valeur et la portée de mes travaux jusqu'au jour où on les acclamait ou on les diffamait. Mais à présent j'ai appris que les arbres fleurissent au printemps et portent leurs fruits en été sans chercher à être glorifiés, et qu'ils s'effeuillent en automne et se dénudent en hiver sans craindre d'être désapprouvés.

Mon âme m'a sermonné et m'a appris avec certitude que je ne suis pas plus grand qu'un pygmée ni plus petit qu'un géant.

Et avant que mon âme ne m'ait sermonné, je croyais que l'humanité était divisée en deux genres : l'homme faible, sur lequel je m'apitoyais ou duquel je me raillais, et l'homme fort, que je suivais ou contre lequel je me soulevais. Mais aujourd'hui j'ai appris que je suis un individu parmi la collectivité humaine. En fait mes éléments sont les leurs, de même que sont les leurs mes pensées, mes tendances et mes visées. Ainsi, s'ils commettent une faute, ce sera moi qui l'aurai commise, et s'ils font une bonne action, j'en serai fier ; s'ils s'élè-

Mon âme m'a sermonné

vent, ce sera avec eux que je m'élèverai, et s'ils régressent, ce sera avec eux que je régresserai.

Mon âme m'a sermonné et m'a appris que la lanterne que je porte ne m'appartient pas et que la chanson que je chante n'a pas été composée dans mes entrailles. Ainsi, bien que je marche dans la lumière, je ne suis pas la lumière, et bien que je sois un luth accordé, je ne suis pas le luthier.

Mon âme m'a sermonné, mon frère, et elle m'a beaucoup appris. Et ton âme t'a sermonné et t'a enseigné tout autant. Ainsi toi et moi, nous nous ressemblons, à la seule différence que moi, je parle de ce qui se meut en mon for intérieur, et dans mes paroles il est une certaine insistance, alors que toi, tu sais taire tes secrets et dans ta discrétion il est une forme de vertu.

Vous avez votre Liban, j'ai le mien

Vous avez votre Liban avec son dilemme. J'ai mon Liban avec sa beauté.

Vous avez votre Liban avec tous les conflits qui y sévissent. J'ai mon Liban avec les rêves qui y vivent.

Vous avez votre Liban, acceptez-le. J'ai mon Liban et je n'accepte rien d'autre que l'abstrait absolu.

Votre Liban est un nœud politique que les années tentent de défaire. Mon Liban est fait de collines qui s'élèvent avec prestance et magnificence vers le ciel azuré.

Votre Liban est un problème international tiraillé par les ombres de la nuit. Mon Liban est fait de vallées silencieuses et mystérieuses, dont les versants recueillent le son des carillons et le frisson des ruisseaux.

Votre Liban est un champ clos où se débattent des hommes venus de l'Ouest et d'autres du Sud. Mon Liban est une prière ailée qui volette le matin, lorsque les bergers mènent leurs troupeaux au pâturage, et qui s'envole le soir, quand les paysans reviennent de leurs champs et de leurs vignes.

Votre Liban est un gouvernement-pieuvre à nombreux tentacules. Mon Liban est un mont quiet et

Vous avez votre Liban, j'ai le mien

révéré, assis entre mers et plaines, tel un poète à mi-chemin entre création et éternité.

Votre Liban est une ruse qu'ourdit le renard lorsqu'il rencontre l'hyène et que celle-ci trame contre le loup. Mon Liban est fait de souvenirs qui me renvoient les fredonnements des nymphettes dans les nuits de pleine lune, et les chansons des fillettes entre l'aire de battage et le pressoir à vin.

Votre Liban est un échiquier entre un chef religieux et un chef militaire. Mon Liban est un temple que je visite dans mon esprit, lorsque mon regard se lasse du visage de cette civilisation qui marche sur des roues.

Votre Liban est un homme qui paie tribut et un autre qui le perçoit. Mon Liban est un seul homme, la tête appuyée sur le bras, se prélassant à l'ombre du cèdre, oublieux de tout hormis de Dieu et de la lumière du soleil.

Votre Liban vit de navires et de commerce. Mon Liban est une pensée lointaine, un désir ardent et une noble parole que susurre la terre à l'oreille de l'univers.

Votre Liban est fait de commis, d'ouvriers et de directeurs. Mon Liban est la vaillance de la jeunesse, la force de l'âge et la sagesse du vieillard.

Votre Liban est fait de délégations et de comités. Mon Liban est fait de veillées d'hiver choyées par le feu de l'âtre, drapées par la majesté des tempêtes et brodées par la pureté des neiges.

Votre Liban est un pays de communautés et de partis. Mon Liban est fait de garçons qui gravissent les rochers et courent avec les ruisseaux.

Votre Liban est un pays de discours et de disputes. Mon Liban est gazouillement de merles, frissonnement de chênes et de peupliers. Il est écho de flûtes dans les grottes et les cavernes.

Votre Liban n'est qu'une fourberie qui se masque d'érudition empruntée, une tartufferie qui se farde de maniérisme et de simagrées. Mon Liban est une vérité simple et nue ; comme elle se mire dans le bassin d'une fontaine, elle ne voit que son visage serein et épanoui.

Votre Liban est fait de lois et de clauses sur du papier, de traités et de pactes dans des registres. Mon Liban est un savoir inné, mais inconscient, une science infuse dans les mystères de la vie, et un désir éveillé qui effleure les pans de l'invisible, tout en croyant rêver.

Votre Liban est un vieillard qui, se tenant la barbe et fronçant les sourcils, ne pense qu'à lui-même. Mon Liban est un jeune homme qui se dresse telle une forteresse, sourit à l'instar d'une aurore et ressent autrui comme son être intime.

Votre Liban se détache tantôt de la Syrie, tantôt s'y rattache ; il ruse des deux côtés pour aboutir dans l'entre-deux. Mon Liban ne se détache ni ne se rattache, et ne connaît ni conquête ni défaite.

Vous avez votre Liban, j'ai le mien.

À vous votre Liban et ses enfants, à moi mon Liban et ses enfants.

Et qui sont les enfants de votre Liban ?

Dessillez donc les yeux pour que je vous montre la réalité de ces enfants.

Ce sont ceux qui ont vu leur âme naître dans des hôpitaux occidentaux.

Ce sont ceux qui ont vu leur esprit se réveiller dans les bras d'un cupide qui feint la munificence.

Ce sont ces verges moelleuses qui fléchissent çà et

Vous avez votre Liban, j'ai le mien

là sans le vouloir, et qui frémissent matin et soir sans le savoir.

Ils sont ce navire qui, sans voile ni gouvernail, tente d'affronter une mer en furie alors que son capitaine est l'indécision et son havre n'est autre qu'une caverne d'ogres. Et toute capitale européenne ne serait-elle pas une caverne d'ogres ?

Ils sont forts et éloquents, entre eux. Mais ils sont impuissants et muets face aux Européens.

Ils sont libéraux, réformateurs et fougueux, dans leurs chaires et leurs journaux. Mais ils sont dociles et arriérés devant les Occidentaux.

Ce sont ceux qui coassent comme des grenouilles, en se vantant de s'être esquivés de leur antique et tyrannique ennemi, alors que celui-ci demeure enfoui dans leur chair.

Ce sont ceux qui marchent dans un cortège funèbre en chantant et en dansant, et s'ils croisent une procession nuptiale, leur chant deviendra lamentation et leur danse, coulpe.

Ce sont ceux qui ignorent la famine sauf si elle ronge leurs poches. Et s'ils rencontrent celui dont l'esprit est affamé, ils le railleront et l'éviteront en le traitant d'ombre errante dans le monde des ombres.

Ils sont des esclaves dont les chaînes rouillées sont devenues brillantes avec le temps et ils croient qu'ils ont été réellement affranchis.

Voilà ce que sont les enfants de votre Liban !

Qui d'entre eux représenterait la force des rocs du Liban, la noblesse de ses hauteurs, le cristal de ses eaux ou la fragrance de son air ?

Lequel d'entre eux pourrait dire : « Quand je mourrai, j'aurai laissé ma patrie légèrement mieux que ce qu'elle était à ma naissance ? »

Est-il un seul parmi eux qui oserait dire : « Certes, ma vie était une goutte de sang dans les veines du Liban, une larme dans ses prunelles, ou un sourire sur ses lèvres ? »

Voilà ce que sont les enfants de votre Liban !

Combien grands sont-ils à vos yeux, et infimes sous mes yeux.

Arrêtez-vous un instant et ouvrez grands les yeux pour que je vous dévoile la réalité des enfants de mon Liban.

Ils sont ces laboureurs qui transforment les terres arides en jardins et vergers.

Ils sont ces bergers qui mènent leurs troupeaux d'une vallée à l'autre afin qu'ils s'engraissent et se multiplient en chair et en laine pour garnir votre couvert et couvrir votre corps.

Ce sont ces vignerons qui pressent le raisin pour en faire le vin et en tirer le raisiné.

Ils sont ces pères qui veillent sur les mûriers et ces mères qui filent la soie.

Ils sont ces hommes qui récoltent le blé et dont les épouses en ramassent les brassées.

Ce sont ces potiers et ces tisserands, ces maçons et ces fondeurs de cloches.

Ce sont ces poètes qui versent leur âme dans de nouvelles coupes, ces poètes innés qui chantent des complaintes et des romances levantines.

Ce sont eux qui quittent le Liban démunis, ils n'ont que de la fougue dans le cœur et de la force dans les bras. Et quand ils y reviennent, leurs mains sont

Vous avez votre Liban, j'ai le mien

inondées des richesses de la terre et leur front ceint de lauriers.

Ils sont vainqueurs où qu'ils s'installent, et charmeurs où qu'ils se trouvent.

Ce sont ceux qui naissent dans des chaumières et qui meurent dans les palais du savoir.

Voilà les enfants de mon Liban.

Ils sont ces flambeaux qui défient le vent et ce sel qui désarme le temps.

Ce sont ceux qui avancent d'un pas ferme vers la vérité, la beauté et la plénitude.

Que pourra-t-il bien rester de votre Liban et de ses enfants à la fin de ce siècle ?

Dites-moi, que léguerez-vous à cet avenir sinon des belliqueux, des fabulateurs et des ratés ?

Espérez-vous que le temps garde en mémoire les traces de vos louvoiements sournois, de vos duperies et de vos supercheries ?

Croyez-vous que l'éther engrange les ombres de la mort et les haleines fétides des tombes ?

Caressez-vous toujours cette illusion qui prétend que la vie couvre son corps nu de haillons ?

Je vous le dis, et la vérité m'est témoin.

Le moindre semis d'olivier que plante le villageois au pied du mont Liban survivra à tous vos actes et vos exploits. Et le soc de la charrue tiré par les bœufs sur les versants du Liban est plus noble et plus digne que vos rêves et vos ambitions réunis.

Je vous le dis, et la conscience de l'univers m'écoute.

La chanson de la fillette qui cueille les fleurs dans les vallées du Liban vivra plus longtemps que les

Merveilles et curiosités

propos du plus puissant et du plus éminent verbeux parmi vous.

Je vous le dis, vous ne valez rien. Et si vous le saviez, mon dégoût pour vous se transformerait en pitié et tendresse. Mais vous n'en savez rien.

Vous avez votre Liban, j'ai le mien.

Vous avez votre Liban et ses enfants, alors contentez-vous-en. Ah ! si vous parvenez à vous convaincre de cet amas de bulles vides !

Quant à moi, je suis convaincu de mon Liban et de ses enfants, et dans ma conviction règnent fraîcheur, silence et quiétude.

La terre

Avec répugnance la terre émerge de la terre.
Puis avec arrogance elle marche sur la terre.
Et elle extrait de la terre de quoi bâtir palais, tours et temples.
Et elle érige sur la terre des légendes, des doctrines et des lois.
Puis elle se lasse des œuvres de la terre, alors avec les halos de la terre elle tisse des ombres, des songes et des rêves.
Et le sommeil de la terre de charmer ses paupières, alors elle s'endort d'un sommeil quiet, profond et éternel.
Puis la terre interpelle la terre, disant : « Je suis la matrice et la tombe et je resterai ainsi jusqu'à ce que les étoiles s'étiolent et que le soleil devienne cendres. »

Hier, aujourd'hui et demain

Je dis à mon ami : « La vois-tu s'appuyer sur le bras de cet homme, alors qu'hier elle s'appuyait sur le mien ? »

Et mon ami de répondre : « Et demain, ce sera sur mon bras. »

Je dis : « Regarde comme elle est assise tout près de lui, et ce n'était qu'hier qu'elle était à mes côtés. »

Et il ajouta : « Et demain, elle s'assiéra auprès de moi. »

Je dis : « Notes-tu qu'elle boit dans le verre même de cet homme, alors qu'hier elle sirotait mon propre vin ? »

Et mon ami répondit : « Et demain, dans ma coupe elle boira. »

Je dis : « Vois comme elle lui fait les yeux doux, et ce n'était qu'hier qu'elle me fixait du même regard langoureux. »

Et mon ami de répondre : « Et demain, elle n'aura d'yeux que pour moi. »

Je dis : « Écoute-la lui susurrer des chansons d'amour, alors qu'hier elle me faisait entendre les mêmes chuchotis. »

Hier, aujourd'hui et demain

Et il ajouta : « Et demain, dans le creux de mon oreille elle les fredonnera. »

Je dis : « Regarde comment elle l'étreint, et hier encore elle se blottissait contre mon sein. »

Et mon ami d'ajouter : « Et demain, ce sera contre le mien. »

Puis je soupirai : « Quelle étrange femme ! »

Et mon ami de me révéler : « Elle est pareille à la vie, possédée par tous les hommes. Et comme la mort, elle conquiert tous les hommes. Et à l'instar de l'éternité, elle rassemble toute l'humanité. »

La perfection

Tu me demandes, mon frère, quand l'homme deviendra parfait. Voici donc ma réponse.

L'homme peut se diriger vers la perfection dès lors qu'il se sent confondu avec l'espace dénué de toute limite et avec l'océan dépourvu de tout rivage, qu'il est devenu ce feu qui ne cesse de se ranimer, cette lumière à jamais étincelante, cet air quiet ou cette tempête en furie, ces nuées chargés d'éclairs, de tonnerre et de pluie, ces rivières qui festoient ou larmoient, ces arbres qui fleurissent ou se défeuillent, ces terres qui s'élèvent en monts ou s'incurvent en vallons, ces champs en semailles ou en sommeil.

Lorsque l'homme éprouve tout cela, il est à mi-chemin. Et s'il désire atteindre le sommet de la perfection, il devra, quand il ressent la plénitude de son être, s'identifier à cet enfant dépendant de sa mère, à ce père responsable de sa famille, à ce jeune homme égaré entre ses aspirations et ses soupirs, à ce vieillard qui lutte contre son passé et son avenir, à ce dévot dans son ermitage, à ce criminel dans sa geôle, à cet érudit entre ses livres et ses écrits, à cet ignorant entre la cécité de ses nuits et l'obscurité de ses jours, à cette religieuse entre les fleurs de sa foi et les épines de son austérité,

La perfection

à cette prostituée entre les crocs de sa faiblesse et les griffes de ses nécessités, à ce pauvre entre son amertume et sa soumission, à ce nanti entre ses ambitions et sa complaisance, à ce poète entre la brume de ses crépuscules et la lueur de ses aurores.

Quand l'homme parvient à expérimenter et à connaître tout cela, il atteint alors la perfection et devient une des ombres de Dieu.

L'indépendance
et le tarbouche

J'ai lu récemment un article écrit par un homme de lettres dans lequel il s'indignait contre le capitaine et l'équipage du bateau français qui l'avait transporté de Syrie en Égypte. Car ceux-ci l'avaient contraint ou tenté de le contraindre à ôter son tarbouche pendant qu'il était attablé dans la salle à manger. Or tout le monde sait qu'ôter son chapeau sous un toit est une vieille coutume chez les Occidentaux.

Son indignation souleva mon admiration, car il me révéla l'attachement du Levantin à l'un des symboles de sa vie privée.

J'ai été fasciné par la hardiesse de ce Syrien comme je le fus jadis par un prince indien que j'invitai à assister à un opéra lyrique à Milan et qui me répondit avec regret : « Si vous m'aviez invité à l'*Enfer* de Dante, j'y serais allé avec joie. Mais je ne puis m'asseoir dans un endroit où l'on m'interdit de conserver mon turban et de fumer mes cigarettes. »

Certes, je suis émerveillé de voir l'Oriental attaché à ses prétentions, agrippé à ne serait-ce qu'une des ombres de ses coutumes nationales.

Toutefois on ne peut et ne pourra effacer ce que dissimule cet émerveillement comme rudes, immuables et

L'indépendance et le tarbouche

tenaces réalités dans les particularités, les manières et les prétentions de l'Orient.

Si cet écrivain à qui il fut pénible d'ôter son tarbouche dans le bateau occidental avait pu se rendre compte que ce noble tarbouche avait bel et bien été fabriqué dans une usine occidentale, il lui aurait été aisé de l'enlever en tout lieu et dans tout bateau occidental.

S'il avait su que la liberté individuelle dans des affaires si insignifiantes était et continuerait d'être soumise aux indépendances artistique et industrielle qui sont, elles, loin d'être insignifiantes, il aurait ôté en silence son tarbouche comme tout le monde.

S'il avait pu comprendre que la nation esclave de son esprit et de sa mentalité ne peut être libre dans ses costumes et ses coutumes, s'il avait réfléchi à tout cela, il n'aurait pas cherché à protester dans son article.

Si notre auteur s'était souvenu que son ancêtre syrien se rendait en Égypte à bord d'un bateau syrien, vêtu d'un habit filé, tissé et cousu par des mains syriennes, notre héros n'aurait porté que des vêtements fabriqués dans son pays et n'aurait voyagé qu'à bord d'un bateau syrien dont le capitaine et les matelots auraient été syriens.

Le malheur de notre audacieux littérateur est qu'il s'opposa aux fins sans faire cas des causes ; ainsi il fut saisi par les accidents avant d'être attiré par l'essence. Et c'est le cas de la plupart des Orientaux qui refusent d'être des Orientaux excepté pour des questions banales et infimes, et sont fiers de ce qu'ils ont emprunté aux Occidentaux.

J'invite notre homme de lettres ainsi que tous les tarbouchards à fabriquer leurs propres tarbouches de

Merveilles et curiosités

leurs propres mains. Et par la suite qu'ils soient libres de faire ce qu'ils veulent de leurs tarbouches aussi bien à bord d'un bateau que sur le sommet d'une montagne ou dans le creux d'une vallée.

Le ciel sait que ce texte n'a pas été écrit à dessein de parler du tarbouche qu'il faudrait garder ou ôter sous un toit ou sous la voie lactée. Le ciel n'ignore pas qu'il a été rédigé dans un but loin de tout tarbouche, par-dessus toute tête et tout corps animé.

Ô Terre

Que tu es belle, Terre, et que tu es splendide !
Que ton obéissance est totale à la lumière et que ta soumission est noble au Soleil !
Que tu es gracieuse, revêtue d'ombres, et que ton visage est séduisant, sous le masque des ténèbres !
Que sont mélodieux les chants de ton aube et magnifiques les réjouissances de ton crépuscule !
Que tu es parfaite, Terre, et que tu es sublime !

J'ai parcouru tes plaines et ai gravi tes montagnes ; je suis descendu dans tes vallées et suis entré dans tes grottes. Ainsi j'ai connu tes rêves dans la plaine, ta fierté sur la montagne, ta quiétude dans la vallée, ta fermeté dans le rocher, ton silence dans la grotte. Tu es étendue dans leur force, hautaine dans leur modestie, humble dans leur hauteur, douce dans leur résistance, limpide dans leurs secrets.
J'ai sillonné tes mers, traversé tes fleuves et longé tes rivières. Et j'ai entendu l'éternité parler à travers ton flux et ton reflux, les éons chanter leurs hymnes entre tes vaux et tes monts et la vie susurrer à l'oreille de la vie dans tes cols et tes côtes. Tu es la langue de l'éter-

Merveilles et curiosités

nité, et ses lèvres, les cordes du temps et ses doigts, la pensée de la vie et son manifeste.

Ton printemps m'a éveillé et m'a conduit vers tes forêts où tes soupirs s'exhalent en volutes d'encens. Ton été m'a convié à m'asseoir dans tes champs où tes efforts se concrétisent en fruits. Ton automne m'a invité à méditer sur tes vignobles où coule ton sang sous forme de vin. Ton hiver m'a porté dans ton lit où ta pureté s'éparpille en flocons de neige. Tu es la fragrance dans leur printemps et la générosité dans leur été ; tu es débordante dans leur automne et cristalline dans leur hiver.

Par une nuit étoilée, j'ai ouvert les écluses de mon âme et suis allé à ta rencontre, traînant les chaînes de mes convoitises et de mon égoïsme. Et je t'ai vu fixer les astres alors que ceux-ci te souriaient. J'ai rompu alors mes fers, et j'ai découvert que le logis de l'âme est ton univers, que ses désirs comme son harmonie résident dans les tiens et que son bonheur est dans ces paillettes d'or dont le firmament parsème ton corps.

Par une nuit orageuse, lassé de mon insouciance et de mon inertie, je suis allé te retrouver. Et tu m'es apparue comme un terrible géant, armé de tempêtes, combattant ton passé au moyen de ton présent, pourchassant et terrassant le vieux et le pusillanime en toi à l'aide de ce qui est nouveau et vigoureux en toi. Ainsi j'ai appris que les lois et les règles de conduite ainsi que les faits et gestes de l'homme sont les tiens. J'ai appris que celui qui par sa propre tempête ne brise pas ses branches desséchées mourra d'ennui, que celui qui par ses propres tempêtes ne déchiquette pas ses feuilles

Ô Terre

décomposées périra d'indolence, et que celui qui n'enterre pas dans l'oubli ce qui est mort dans son passé sera lui-même un linceul pour ce qui succède au passé.

Ô Terre, que tu es généreuse et persévérante !
Que ta tendresse est immense pour tes enfants qui se détournent de leurs vérités afin de s'adonner à leurs illusions, qui sont perdus entre ce qu'ils ont atteint et ce qui leur manque pour aller plus loin !
Nous crions et toi, tu souris.
Nous tuons et toi, tu expies.
Nous blasphémons et toi, tu bénis.
Et nous souillons et toi, tu sanctifies.
Nous dormons sans rêver, et tu rêves dans ton éternelle veille.
Nous te perçons la poitrine avec des épées et des lances, et tu panses nos plaies avec de l'onguent et du baume.
Nous semons dans tes mains des ossements et des crânes, et tu en fais dresser des peupliers et des saules.
Nous engrangeons dans tes entrailles des charognes, et tu remplis de brassées de blé nos aires de battage et de grappes de raisin nos pressoirs à vin.
Nous enduisons ta face de sang, et tu nous laves le visage avec du nectar.
Nous exploitons tes éléments pour fabriquer des canons et des fusées, et tu utilises nos éléments pour faire pousser des roses et des lys.

Ô Terre, que sont immenses ta longanimité et ta magnanimité !
Qu'es-tu, Terre, et qui es-tu ?

Merveilles et curiosités

Es-tu ce grain de poussière qui fut soulevé par les pas de Dieu sur Son chemin allant du levant des univers à leur couchant, ou cette étincelle de braise qui fut lancée de l'âtre de l'infini ?

Es-tu cette graine qui fut jetée dans le champ de l'éther pour fendre son enveloppe avec la volonté de sa chair et devenir un arbre divin s'élevant dans l'au-delà de l'éther ?

Es-tu cette goutte de sang dans les veines du Titan des Géants, ou cette perle de sueur sur son front ?

Es-tu ce fruit qui se laisse hâler avec nonchalance au soleil ? Ou ce fruit sur l'arbre du savoir universel dont les racines s'étendent dans les profondeurs de l'alpha et dont les branches s'élèvent vers les hauteurs de l'oméga ? Ou encore ce joyau posé par le dieu du Temps dans la paume de la déesse de l'Espace ?

Es-tu cette enfant dans les bras de l'univers ? Ou cette vieille qui scrute les jours et les nuits alors qu'elle est repue de la sagesse des nuits et des jours ?

Qu'es-tu, Terre, et qui es-tu ?

Tu es moi, ô Terre ! Tu es ma vue et ma clairvoyance. Tu es mes réflexions et mes imaginations ainsi que mes rêves. Tu es ma faim et ma soif, ma tristesse et ma joie, mon insouciance et ma vigilance.

Tu es la beauté dans mes yeux, le désir ardent dans mon cœur, l'immortalité dans mon âme.

Tu es moi, ô Terre ! Car si je n'existais pas, tu ne serais pas là.

La Mer suprême

Hier, en ce jour aussi proche que lointain, mon âme et moi allâmes à l'immense mer pour nous laver à grande eau de la poussière et de la boue qui avaient recouvert notre corps.

Lorsque nous atteignîmes le rivage, nous commençâmes à chercher un endroit isolé à l'abri des regards.

Alors que nous marchions, soudain nous aperçûmes un homme assis sur un rocher cendré, prenant du sel de sa besace et le jetant, pincée par pincée, sur les vagues déchues.

Mon âme me dit alors : « C'est le pessimiste qui ne voit que l'ombre de la vie. Il n'est point digne de voir notre corps nu. Partons, il n'est pas question que nous nous baignions ici. »

Nous continuâmes à marcher jusqu'à un bras de mer. Là, nous vîmes, debout sur un rocher lactescent, un homme tenant une boîte étoilée de joyaux de laquelle il prenait du sucre qu'il lançait dans la mer.

Et mon âme de m'avouer : « C'est l'optimiste qui voit de bons présages dans ce qui n'a rien de réjouissant. Gardons-nous de lui montrer notre nudité. »

Nous poursuivîmes donc notre chemin. Puis nous vîmes sur une plage un homme qui ramassait des poissons morts pour les remettre avec tendresse dans l'eau.

Mon âme me dit alors : « C'est le philanthrope qui tente de ramener la vie dans les tombes. Éloignons-nous de lui. »

Nous passâmes alors notre chemin. Plus loin nous vîmes un homme traçant le contour de son ombre sur le sable, et aussitôt qu'une vague y déferlait, son dessin disparaissait. Sans relâche il le retraçait, et sans répit la mer l'effaçait.

Et mon âme de le qualifier : « C'est le mystique qui dans ses illusions érige une statue afin de l'idolâtrer. Laissons-le en paix. »

Et nous marchâmes jusqu'à une baie tranquille où nous vîmes un homme ramasser de l'écume pour la verser dans une coupe d'agate.

« C'est l'idéaliste qui des toiles d'araignée tisse de quoi s'habiller. Lui non plus ne mérite pas de voir notre corps nu », dit mon âme.

Et de nouveau nous marchâmes. Soudain nous entendîmes une voix crier : « C'est la profonde mer. C'est bien la prodigieuse et immense mer. »

Arrivés à l'endroit d'où surgissait cette voix, nous vîmes un homme qui, le dos à la mer, tenait une coquille à l'oreille et en écoutait le ronflement.

Et mon âme de dire : « Allons-nous-en. C'est le matérialiste qui tourne le dos à l'ensemble qu'il ne peut cerner pour se préoccuper de détails qui le captivent tout entier. »

Nous passâmes donc. Et dans un endroit jonché de mauvaises herbes nous vîmes au milieu des rochers un homme dont la tête était enfouie dans le sable.

La Mer suprême

« Allons-y, mon âme, lui dis-je. C'est ici que nous pouvons enfin nous baigner. Car cet homme ne saurait nous voir. »

Et mon âme hocha la tête en signe d'objection, disant : « Non et mille fois non. Cet être que tu vois est la pire espèce humaine. C'est le pieux puritain ; comme il renonce à voir la tragédie de la vie, celle-ci le rend aveugle à ses réjouissances. »

Une grande tristesse envahit cependant le visage de mon âme. Et avec un chevrotement d'amertume dans la voix, elle dit : « Quittons définitivement ces rivages où il n'est nul endroit discret où nous pouvons nous baigner. Je n'accepterai pas de démêler mes tresses dorées dans ce vent ou de dévoiler ma poitrine toute blanche devant cet espace ou encore de me dévêtir en me tenant debout toute nue face à cette lumière. »

Ainsi mon âme et moi quittâmes cette immense mer et partîmes à la recherche de la Mer suprême.

En cette année
qui échappe au temps

... En cet instant apparut de derrière un rideau de saules une jeune fille traînant sur l'herbe les pans de sa robe. Elle s'approcha d'un jeune homme en plein sommeil et de sa main soyeuse elle lui caressa les cheveux. Il dessilla à peine les yeux, croyant qu'il venait d'être réveillé par un rayon de soleil. Et dès lors qu'il saisit que la fille de l'émir se trouvait là debout tout près de lui, il se jeta à ses pieds en s'agenouillant devant elle, à l'instar de Moïse lorsqu'il vit naguère le buisson ardent. Quand il voulut parler, ses lèvres se trouvèrent pétrifiées. Alors ses yeux vinrent remplacer ses paroles par des pleurs.

Puis la jeune fille l'étreignit en l'embrassant sur les lèvres. Et elle posa des baisers sur ses yeux, étanchant ainsi leurs chaudes larmes. Et d'une voix plus suave que la mélodie de la flûte, elle dit : « Je t'ai vu dans mes rêves, mon bien-aimé. Et dans mon isolement et mon renoncement j'attendais de revoir ton visage. Tu es le compagnon perdu de mon âme, la sublime moitié de mon être dont je fus séparée lors de ma venue au monde. C'est dans le secret que je suis partie pour te rejoindre, et te voilà à présent dans mes bras. N'aie crainte, mon amour. J'ai abandonné la gloire de mon

En cette année qui échappe au temps

père pour te suivre jusqu'au bout du monde et pour boire avec toi la coupe de la vie et de la mort. Lève-toi, mon amour, et allons marcher dans la nature, loin de tous les humains. »

Et les deux soupirants s'enfoncèrent dans la forêt, en se laissant voiler par l'obscurité du soir qui s'étendait sur eux, défiant le courroux de l'émir, insouciants des ombres de la nuit.

Avicenne et son ode

Nul poème écrit par les anciens n'est si proche de mes convictions personnelles et de mes penchants spirituels que celui d'Avicenne [1] sur l'âme.

Dans son auguste poème, ce grand maître mit par écrit ce que la pensée humaine peut quérir de plus lointain et ce que son imagination peut creuser de plus profond, comme vœux dont accouche la connaissance, comme souhaits qu'enfante l'espérance, ainsi que des théories qui ne peuvent procéder que d'une constante réflexion et de longues contemplations.

Il n'est pas étonnant qu'un tel poème eût émané du tréfonds d'Avicenne, le génie de son temps. Toutefois il est étrange que ce poème fût la manifestation d'un homme qui passa sa vie à sonder les secrets de l'anatomie et les vertus de la substance. J'ai l'impression qu'il a atteint les mystères de l'esprit à travers la matière et qu'il a saisi le monde intelligible par l'inter-

---

1. Avicenne : médecin, philosophe et mystique arabo-islamique, d'origine iranienne (980-1037). Son *Canon de la médecine* fut longtemps la base des études médicales, tant en Orient qu'en Occident. Ses œuvres philosophiques se fondent sur un aristotélisme d'inspiration néo-platonicienne.

Avicenne et son ode

médiaire du monde visible. C'est ainsi que son poème apporte une preuve lumineuse que la science, qui est la vie de la raison, fait avancer le scientifique des expériences pratiques vers les théories rationnelles, puis la perception spirituelle jusqu'à aboutir à Dieu.

Le lecteur pourrait trouver, chez de grands poètes occidentaux, divers passages qui lui rappellent ce sublime poème. Il existe, par exemple, dans les œuvres immortelles de Shakespeare des vers qui ne diffèrent pas, dans le sens, de ceux d'Avicenne que voici :

« Elle [âme] est arrivée sur toi [terre] à contrecœur et peut-être écœurée sera-t-elle le jour où elle te quittera, éplorée. »

Chez Shelley nous retrouvons également des ressemblances avec ces autres vers d'Avicenne :

« Elle fendit l'air comme une flèche sifflante ; puis le voile levé,
elle vit ce qui ne peut être perçu par les yeux sommeilleux. »

Il en va de même pour Goethe :

« Elle revient en ayant connaissance de tout mystère dans les deux mondes ; sa déchirure n'en fut pas abîmée. »

Ainsi que pour Browning :

« Comme si elle était un éclair tout luisant,
puis s'évanouit comme s'il n'avait jamais existé. »

Notre grand maître devança donc de plusieurs siècles tous ces poètes. Il incarna dans un seul poème ce qui

Merveilles et curiosités

allait être inspiré, en images entrecoupées, à d'autres grands esprits sur des époques à venir. Ainsi il est non seulement le génie de son temps mais aussi celui des générations qui lui ont succédé. Et son poème sur l'âme est bien le plus profond et le plus sublime de tout ce qui a été composé sur un sujet aussi intime que noble.

Al-Ghazali

Entre Al-Ghazali [1] et saint Augustin il est un lien spirituel ; ce sont deux aspects analogues d'un seul principe, malgré l'existence, entre leurs époques et leurs milieux, de divergences confessionnelles et sociales. Quant à ce principe, il est un penchant positif à l'intérieur de l'âme qui fait avancer l'homme, du monde visible et de ses apparences, vers le monde intelligible, pour aboutir à la philosophie et enfin aux sciences théologiques.

Al-Ghazali se retira du monde et de tout ce qu'il en possédait comme richesses et honneurs pour mener en solitaire une vie mystique, scrutant loin à la recherche de ces fils si ténus qui relient les confins de la science aux prémices de la religion, et creusant profondément

---

1. Al-Ghazali : théologien et philosophe natif de Khurasan en Iran (1058-1111). Après avoir été professeur et recteur à Bagdad, il se fit pèlerin, puis se retira dans la vie mystique. Il tenta de concilier le traditionalisme, le rationalisme et le mysticisme en rejetant la théologie morale, la dialectique religieuse à l'encontre de la philosophie et la jurisprudence islamique, en opérant une synthèse entre l'intuition des soufis et la spéculation des théologiens. Son ouvrage intitulé *Revivification des sciences religieuses* est un des documents essentiels à la connaissance des sciences et de la foi islamique.

en quête de cette invisible amphore dans laquelle se mêlent les perceptions et les expériences des hommes avec leurs sentiments et leurs rêves.

Cinq siècles avant lui, saint Augustin procéda de la même manière. Dans ses *Confessions*, le lecteur constate que saint Augustin a utilisé la terre avec ses multiples facettes comme échelle pour atteindre la conscience de l'Être suprême.

Cependant il me parut qu'Al-Ghazali était plus proche des essences des choses et de leurs secrets que ne l'a été saint Augustin. Ce serait à cause de la différence entre ce que le premier a hérité des théories scientifiques arabes et grecques qui l'avaient précédé, et ce qu'a hérité le second des sciences théologiques dans lesquelles étaient absorbés les Pères de l'Église aux IIe et IIIe siècles de l'ère chrétienne. Et j'entends par héritage cette connaissance qui se transmet au fil des jours d'un esprit à un autre, comme s'agrippent certaines particularités physiques aux apparences des peuples au fil de l'Histoire.

En Ghazali, j'ai trouvé ce qui fait de lui un maillon doré qui relie ses prédécesseurs, les mystiques d'Inde, aux autres théologiens qui lui ont succédé. Dans les penchants d'Al-Ghazali nous retrouvons quelques réminiscences qui remontent à ce que la pensée bouddhiste a pu jadis atteindre, et dans les œuvres récentes de Spinoza et de William Blake il est quelques empreintes de ses sentiments.

En Occident, il jouit d'une place prestigieuse dans l'estime des orientalistes puisque ceux-ci le mettent avec Avicenne et Averroès au premier rang des philosophes de l'Orient. De surcroît les orientalistes reli-

Al-Ghazali

gieux considèrent ses pensées comme les plus nobles et les plus sublimes qui soient apparues en Islam. Si étrange que cela soit, j'ai vu sur un mur d'une église du xve siècle à Florence une fresque comprenant le portrait d'Al-Ghazali parmi ceux des philosophes, des saints et des théologiens que les prélats de l'Église considéraient, au Moyen Âge, comme les piliers et les colonnes du temple de l'Esprit absolu.

Plus étonnant encore est que les Occidentaux connaissent Al-Ghazali mieux que les Orientaux. Car ils traduisent ses œuvres, font des recherches sur ses enseignements et examinent de près ses visées philosophiques et ses desseins mystiques. Quant à nous, qui continuons à parler et à écrire la langue arabe, il nous est rare de le mentionner ou d'en parler. Nous continuons à nous préoccuper de coquillages, comme si ceux-ci étaient les seuls à être déposés par la mer de la vie sur les rivages des jours et des nuits.

Girgi Zaydan

Zaydan[1] n'est plus. Sa disparition est aussi grandiose que sa vie, aussi sublime que ses œuvres.

Cette immense pensée s'est livrée au sommeil éternel et autour de son lit plane une sérénité empreinte de solennité et de dignité qui s'élève par-dessus l'affliction et les pleurs.

Cette belle âme s'est esquivée vers un monde que nous ressentons mais que nous pouvons percevoir, et dans son départ il est une leçon pour ceux qui restent dans les mains des jours et des nuits.

Ce noble esprit s'est libéré des peines du labeur et de ses difficultés, et il est parti, revêtu de sa toge de gloire, là où le labeur transcende les peines et les difficultés. Il s'en est allé là où nul œil ne pourrait voir, nulle oreille ne saurait entendre. Cependant, si Zaydan a été transporté vers l'une des planètes qui voguent dans l'océan de l'infini, il est à présent soucieux de ser-

---

1. Girgi Zaydan (Beyrouth, 1861 - Le Caire, 1914) : fondateur de la revue cairote *al-Hilal* et de la maison d'édition du même nom, qui publia le livre des *Tempêtes* et nombre d'articles de Gibran. Les œuvres de Zaydan sont considérées comme des ouvrages de référence en histoire et en littérature arabes.

vir ses habitants et de rassembler ses connaissances, absorbé dans la beauté de son histoire et dans les études de ses langues.

Tel est Zaydan : une pensée enthousiaste qui ne trouve de repos que dans le travail et un esprit assoiffé qui ne s'assoupit que sur les épaules de l'éveil, ainsi qu'un grand cœur pétri de grâce et de bienveillance. Si cette pensée existait par l'existence de la Raison universelle, alors elle œuvre à présent avec la Raison universelle. Et si cet esprit existait par l'existence des anges, il collabore à présent avec les anges. Et enfin, si ce cœur existait par l'existence de Dieu, il est à présent ardent dans la flamme de Dieu.

Sa vie est une source qui a jailli du sein de l'existence pour couler en un fleuve limpide, arrosant sur ses berges herbes et semis.

Et voilà que le fleuve atteint le rivage de la mer ; quel importun oserait-il donc pleurer sa mort ?

Les lamentations et les gémissements ne sont-ils pas davantage pour ceux qui se dressent devant le trône de la vie, puis s'en vont avant de verser dans leurs mains ne serait-ce qu'une goutte de sueur de leur front ou de sang de leur cœur ?

Zaydan n'a-t-il pas passé trente ans de sa vie, consumant son cœur, le front perlé de sueur ? Et qui d'entre nous ne s'est pas abreuvé de ces flots purs et cristallins ?

Ainsi celui qui aimerait rendre honneur à Zaydan, qu'il élève vers son esprit un hymne de reconnaissance et de gratitude au lieu des doléances et des griefs.

Celui qui souhaiterait célébrer la mémoire de Zaydan, qu'il demande sa part dans les coffres des connais-

Merveilles et curiosités

sances et des lumières que Zaydan a amassées et a laissées en héritage au monde arabe.

Ne cherchez pas à donner au grand personnage, mais prenez-lui ; c'est ainsi que vous l'honorez.

N'offrez pas à Zaydan des lamentations et des pleurs, mais plutôt enrichissez-vous de ses talents et de ses dons ; c'est ainsi que vous immortalisez sa mémoire.

L'avenir de la langue arabe

1. — Quel pourrait être l'avenir de la langue arabe ?
La langue est l'une des formes de créativité dans l'ensemble d'une nation ou dans sa personnalité publique. Si la force de créativité sommeille, le processus de la langue s'arrête ; et cet arrêt entraîne la régression, et celle-ci, la mort et l'anéantissement.

En conséquence, l'avenir de la langue arabe dépend de celui de l'esprit créateur, fût-il présent ou absent, dans l'ensemble des nations arabophones. Si cet esprit existe, l'avenir de la langue arabe sera aussi brillant que son passé ; à défaut de cet esprit, elle connaîtra dans l'avenir le même sort que ce qu'il est advenu de nos jours à ses langues sœurs, à savoir le syriaque et l'hébraïque.

Qu'est donc cette force que nous appelons « créativité » ?

Elle est dans la nation cette force de propulsion.

Elle est dans son cœur cette faim, cette soif et cette nostalgie de ce qui est inconnu. Elle est, dans son âme, une succession de rêves qu'elle s'évertue, nuit et jour, à réaliser ; mais dès qu'elle en a réalisé un chaînon à l'une des deux extrémités, la vie vient en ajouter un nouveau à l'autre extrémité. Elle est le génie chez

Merveilles et curiosités

l'individu et l'ardeur dans la société. Et qu'est-ce que le génie chez l'individu, sinon l'aptitude de mettre les penchants cachés de la société dans des formes visibles et tangibles ?

Au cours de la période préislamique, le poète était vigilant, car les Arabes se trouvaient en état d'alerte. Au temps de l'émergence de l'Islam, il s'épanouissait au même rythme que le développement et l'élargissement des Arabes. Pendant l'époque postislamique, il se ramifiait en suivant les divergences de la communauté islamique. Ainsi le poète ne cessait de gravir et de s'adapter, apparaissant tantôt en philosophe, tantôt en médecin ou même en astronome, jusqu'à ce que, séduite par le sommeil, la force de créativité de la langue arabe tombât en léthargie ; aussi les poètes se muèrent-ils en faiseurs de rimes, les philosophes en théologiens verbeux, les médecins en charlatans et les astronomes en chiromanciens.

Pour ainsi dire, l'avenir de la langue arabe dépendra de la force de créativité dans toutes les nations qui la pratiquent. Si ces nations sont munies d'un soi spécifique ou d'une union morale et que la force de créativité dans ce soi sort de sa torpeur, l'avenir de la langue arabe sera aussi sublime que son passé, sinon elle restera plongée dans son sommeil.

2. — Quelle peut donc être l'influence de la civilisation européenne et de l'esprit occidental sur cette langue ?

L'influence est une forme de nourriture étrangère prise par la langue. Celle-ci la mâche, l'avale et en tire le meilleur pour enrichir son entité vivante, tel l'arbre qui transforme la lumière, l'air et les éléments de la

L'avenir de la langue arabe

terre en rameaux, feuilles et fleurs ainsi que fruits. Mais si la langue est privée de dents pour mordre et d'estomac pour digérer, la nourriture sera inutile et pourra même devenir un poison mortel. Combien est-il d'arbres qui feignent de vivre à l'ombre et qui, une fois déplacés pour être exposés à la lumière du soleil, se flétrissent et se meurent ! Et comme il fut cité dans les Écritures : « À tout homme qui a, l'on donnera et il aura du surplus ; mais à celui qui n'a pas, on enlèvera même ce qu'il a. »

Quant à l'esprit occidental, il représente l'une des étapes de l'homme et l'une des saisons de sa vie. La vie de l'homme est une immense procession qui va toujours de l'avant et c'est de cette poussière dorée, soulevée de son chemin lors de son passage, que sont formés les langues, les gouvernements et les doctrines. Les nations qui avancent en tête de cette procession sont les nations créatrices, et celui qui crée est influent ; tandis que les nations qui suivent à l'arrière sont les nations imitatrices, et celui qui imite est influencé. Lorsque les Orientaux étaient les précurseurs et les Occidentaux les successeurs, notre civilisation avait une grande influence sur leurs langues. Or, à présent les rôles sont intervertis et, de ce fait, leur civilisation est devenue naturellement d'une grande influence sur notre langue, notre pensée et nos mœurs.

Néanmoins, les Occidentaux prenaient jadis ce que nous cuisinions, le mâchaient, l'avalaient et en tiraient le meilleur pour le transmettre à leur entité occidentale. Quant aux Orientaux, ils s'alimentent actuellement de la cuisine des Occidentaux et l'avalent sans en transformer le meilleur en fortifiant leur entité ; au contraire, c'est la cuisine occidentale qui les change en pseudo-Occidentaux. Cela représente une situation que j'appréhende et que je déplore, car elle me montre l'Orient tantôt comme un vieillard édenté, tantôt comme un nourrisson sans dents !

L'esprit de l'Occident est pour nous un ami et un ennemi : ami, si nous savons le contrôler, et ennemi, s'il parvient à nous maîtriser. Ami, si nous lui ouvrons grand notre cœur, et ennemi si nous lui abandonnons notre âme. Ami, si nous prenons de lui ce qui nous convient, et ennemi, si nous nous plaçons dans la position qui lui est avantageuse.

3. — Quelle est l'influence de l'évolution politique actuelle sur les pays arabes ?

Les écrivains et les penseurs, tant en Orient qu'en Occident, sont unanimes sur le fait que les pays arabes se trouvent dans un état de confusion politique, administrative et psychologique. La plupart d'entre eux s'accordent à dire que la confusion conduit à la ruine et à la décadence.

Mais je me demande si ce n'est pas plutôt un état de lassitude et de désespoir, ce qui signifierait la fin d'une nation et d'un peuple. Car la lassitude et le désespoir sont l'agonie et la mort sous un masque de somnolence et de sommeil.

S'il s'agit réellement de confusion, à mes yeux celle-ci est toujours utile ; car elle peut révéler ce qui est caché dans l'esprit de la nation et transformer son étourdissement en lucidité et son assoupissement en éveil, telle une tempête qui, de sa propre force, ébranle les arbres non pas pour les arracher, mais pour briser leurs

L'avenir de la langue arabe

branches desséchées et disperser leurs feuilles jaunies. Et quand la confusion apparaît dans une nation dont l'instinct est toujours conservé, c'est la meilleure preuve de l'existence d'une force de création chez les individus et d'une bonne volonté dans la société. Car le chaos est le mot premier du livre de la Vie et non pas le dernier ; et qu'est-ce que le chaos, si ce n'est une vie confuse !

L'influence de l'évolution politique transformera donc la confusion et les complications dans les pays arabes en ordre et harmonie, mais elle ne changera pas sa lassitude en passion ni son désespoir en enthousiasme. Le potier peut façonner avec de l'argile une jarre pour la remplir de vin ou de vinaigre, mais ne peut rien fabriquer avec du sable et des cailloux.

4. — L'expansion de la langue arabe sera-t-elle généralisée dans les établissements scolaires et les écoles de hautes études, et toutes les sciences seront-elles enseignées en cette langue ?

L'expansion de la langue ne sera généralisée dans les établissements scolaires et les écoles de hautes études que lorsque ceux-ci auront un caractère national et libre. Aucune science ne sera enseignée en cette langue tant que ces établissements et ces écoles ne passeront pas des mains des associations caritatives et des comités confessionnels ainsi que des missions religieuses à celles des gouvernements locaux.

En Syrie, à titre d'exemple, l'enseignement nous parvenait de l'Occident sous forme d'aumône. Nous dévorions le pain de cette aumône et nous continuons à le faire, car nous sommes tenaillés par la faim. Ce pain

Merveilles et curiosités

nous a permis de survivre et dans cette survie réside notre mort. Il nous a sauvés, car il a réveillé tous nos sens et a stimulé quelque peu notre esprit ; toutefois il nous a conduits à la mort, car il a semé la discorde dans notre entente, a affaibli notre union, a coupé nos liens et a créé des distances entre nos confessions, à tel point que notre pays est devenu un ensemble de petites colonies aux goûts divergents et aux penchants contradictoires. Ainsi chaque colonie tire sur la corde de l'une des nations occidentales, hisse son étendard et loue ses vertus et ses gloires. Le jeune homme qui s'est nourri d'une bouchée de savoir dans une école américaine est devenu naturellement un chargé d'affaires américain. Cet autre qui a avalé une gorgée de science dans une école jésuite est devenu un ambassadeur français. Tel autre encore qui a porté un tablier tissé par une école russe est devenu un représentant de la Russie... Il en va de même pour d'autres écoles qui produisent chaque année nombres de représentants, d'ambassadeurs et de chargés d'affaires. Ce qui justifie nos propos est la discordance actuelle des opinions et des tendances sur l'avenir politique de la Syrie. Ceux qui ont étudié certaines sciences en langue anglaise veulent mettre leur pays sous la tutelle des États-Unis ou de l'Angleterre. Ceux qui ont étudié en langue française désirent que la France les prenne en charge. Et enfin ceux qui ont étudié en une langue autre que celle-ci ou celle-là ne veulent aucun de ces pays et préfèrent suivre une politique plus familière à leur propre culture et plus proche de leur propre esprit.

Notre penchant politique en faveur de la nation aux frais de laquelle nous poursuivons nos études pourrait

L'avenir de la langue arabe

témoigner d'un sentiment de gratitude dans l'âme des Orientaux. Mais qu'est-ce que donc ce sentiment qui pose une pierre d'un côté et qui d'un autre côté démolit tout un mur ? Qui plante une fleur et qui abat une forêt entière ? Qui nous permet de survivre l'espace d'un jour et qui nous réduit à la mort des siècles durant ?

Les véritables bienfaiteurs et philanthropes en Occident n'ont point mis d'épines ni d'arêtes dans le pain qu'ils nous ont envoyé ; ils ont tenté évidement de nous apporter du profit et non pas de nous porter préjudice. Mais comment peuvent-elles naître, ces épines, et d'où surgissent-elles, ces arêtes ? Cela constitue un sujet d'étude que je développerai dans d'autres circonstances.

Certes, l'expansion de la langue arabe sera généralisée dans les établissements scolaires et les écoles de hautes études et elle sera la langue d'enseignement de toutes les sciences. Ainsi nos penchants politiques seront réunifiés et nos tendances nationales seront concrétisées. Car l'école est le creuset des penchants et le cristallisoir des tendances. Mais tout cela ne peut se réaliser que si nous avons la capacité d'assurer à la génération montante un enseignement aux frais de l'État, et à condition que chacun de nous soit le fils d'une seule patrie et non pas de deux patries antagonistes, une pour son corps et une autre pour son esprit. Tout cela ne peut s'accomplir que si nous remplaçons le pain de l'aumône par un pain pétri dans notre propre maison. Car le vagabond besogneux ne peut imposer ses conditions au bienfaiteur généreux, et celui qui se ravale au rang de celui qui reçoit ne peut s'opposer à celui qui donne ; le receveur est toujours contraint et le donateur est à jamais libre.

5. — La langue arabe littéraire vaincra-t-elle les divers dialectes et saura-t-elle les unifier ?

Les dialectes se muent, s'affinent et tout ce qui est rude en eux devient souple, mais ils ne pourront pas vaincre et ne devront pas être vaincus. Car ils sont la source de ce que nous appelons élégance dans le discours et le berceau de ce que nous considérons comme éloquence dans la rhétorique.

Les langues, comme toute chose, suivent la loi de survie du meilleur. Et dans les dialectes se trouvent nombre de pertinences qui perdureront, car elles sont plus proches de la pensée de la nation et plus familières aux intentions de sa personnalité publique. Tout ce que les dialectes ont de meilleur non seulement continuera à exister, mais aussi fusionnera avec le corps de la langue et en deviendra ainsi une partie intégrante.

Chaque langue occidentale a ses dialectes et ceux-ci ont leurs propres aspects littéraires et artistiques qui ne sont pas dénués de beauté désirable ni de nouveauté originale. De surcroît, il existe en Europe et aux États-Unis un groupe de poètes talentueux qui ont réussi à réconcilier le parlé et l'écrit dans leurs poèmes et leurs chants, lesquels s'en trouvent éloquents et émouvants. Pour ma part, je trouve dans les romances, les complaintes et les joutes poétiques propres au Levant de nouvelles métonymies, des métaphores appréciées et des expressions heureuses et ravivées ; si nous les comparons à des poèmes composés selon les règles de versification de l'arabe classique qui abon-

L'avenir de la langue arabe

dent dans nos journaux et nos revues, ils paraîtront comme un bouquet de fleurs près d'un amas de bûches ou telle une nuée de jeunes filles qui dansent et chantent en face d'une meute de corps momifiés.

La langue italienne moderne était, au Moyen Âge, un dialecte. Les notables l'appelaient alors la langue des « barbares ». Mais lorsque Dante, Pétrarque et Camoens ainsi que François d'Assise composèrent leurs odes et poèmes éternels dans ce dialecte, il fut adopté comme la langue littéraire de l'Italie, et le latin, par la suite, devint un squelette qui continuait à avancer mais dans un cercueil porté sur les épaules des réactionnaires.

Les dialectes en Égypte, en Syrie et en Iraq ne sont pas plus éloignés de la langue d'Al-Ma'arri et d'Al-Mutanabbi que ne le fut le dialecte italien, qualifié de « barbare », de la langue d'Ovide et de Virgile. Si au Proche-Orient apparaissait une grande figure qui compose un livre sublime en l'un de ces dialectes, celui-ci deviendrait la langue littéraire. Toutefois, je doute que cela puisse se produire dans les pays arabes, car les Orientaux sont davantage enclins à regarder le passé que le présent ou l'avenir. Ce sont des conservateurs, qu'ils en soient conscients ou non. Ainsi nul ne peut émerger parmi eux sans avoir adopté, pour exprimer ses dons, les procédés rhétoriques empruntés aux anciens. Or, les voies des anciens ne sont rien d'autre que le chemin le plus court entre le berceau de la pensée et son tombeau !

Merveilles et curiosités

6. — Quels sont les meilleurs moyens pour revivifier la langue arabe ?

Le meilleur moyen, si ce n'est l'unique, pour ranimer une langue réside dans le cœur du poète ainsi que sur ses lèvres et ses doigts. Le poète est l'intermédiaire entre la force de créativité et les hommes ; il est le fil conducteur entre ce qui est innové dans le monde de l'âme et dans celui de la recherche, entre ce qui est déterminé par le monde de la pensée et par celui de la mémoire et des registres.

Le poète est à la fois le père et la mère d'une langue ; celle-ci le suit là où il va et elle se blottit là où il se repose. Quand il n'est plus, elle vient s'asseoir près de sa tombe en pleurant et se lamentant jusqu'à ce qu'un autre poète la prenne dans ses bras.

Si le poète est le père et la mère de la langue, l'imitateur est celui qui tisse le linceul de la langue et creuse sa tombe.

J'entends par poète tout inventeur, fût-il grand ou petit, tout découvreur puissant ou faible, tout créateur illustre ou humble, toute personne aimant la Vie absolue, qu'il soit un meneur ou un vagabond, et enfin tout être qui se tient debout, avec une crainte révérencielle, devant les jours et les nuits, qu'il soit un philosophe ou un gardien de vignobles.

Quant à l'imitateur, il ne découvre et ne crée rien, mais il emprunte plutôt ses pensées à ses contemporains et tisse les habits de son style, en raccommodant des pièces taillées dans les vêtements de ses prédécesseurs.

J'entends par poète ce cultivateur qui laboure son champ avec une charrue un tant soit peu différente de

L'avenir de la langue arabe

celle qu'il a héritée de son père ; ainsi celui qui viendra après lui donnera un nouveau nom à cette nouvelle charrue. C'est ce jardinier qui plante, entre la fleur jaune et la fleur rouge, une troisième de couleur orange ; ainsi viendra après lui celui qui baptisera cette nouvelle fleur d'un nouveau nom. C'est ce tisserand qui, travaillant sur son métier, façonne un tissu aux dessins et rayures différents de ceux de ses confrères ; ainsi celui qui viendra après lui affectera une nouvelle appellation à ce nouveau tissu.

J'entends par poète ce marin qui, dans son navire à deux voiles, en fixe une troisième. C'est ce bâtisseur qui construit une maison à deux portes et deux fenêtres parmi d'autres n'ayant toutes qu'une seule porte et une seule fenêtre. C'est ce teinturier qui mélange des couleurs que nul autre, avant lui, n'a mélangées et en tire une nouvelle teinte. Ainsi ceux qui viendront après ce marin et ce bâtisseur ainsi que ce teinturier donneront de nouvelles appellations aux fruits de leurs œuvres ; aussi ajoutent-ils une voile au navire de la langue, une fenêtre à sa maison et une couleur à sa robe.

Par contre l'imitateur est celui qui se déplace d'un endroit à un autre en suivant le chemin déjà foulé par mille et une caravanes, sans s'en écarter de peur de s'égarer. C'est celui qui, dans sa manière de gagner sa vie et de se nourrir ainsi que de se vêtir, suit les sentiers battus par mille et une générations qui l'ont précédé. Ainsi sa vie restera tel un écho, et son existence, telle une ombre évanescente d'une vérité éloignée, dont il ne connaît rien et ne veut rien connaître.

J'entends par poète ce dévot qui entre dans le temple de son âme pour s'agenouiller tout en pleurant et en

Merveilles et curiosités

se réjouissant, en se lamentant tout en exultant, en écoutant et en murmurant. Puis il en sort en ayant entre ses lèvres et sa langue des mots, des verbes, des lettres et des dérivations tous nouveaux. Les figures de son adoration sont ravivées tous les jours et les formes de son attirance régénérées toutes les nuits. En œuvrant ainsi, il ajoute une corde dorée à la lyre de la langue et du bois embaumé dans son âtre.

Alors que l'imitateur est celui qui répète les prières et les supplications des fidèles sans aucune volonté et en dehors de tout sentiment, laissant la langue là où il l'a trouvée et l'éloquence personnelle là où il n'est ni éloquence ni personnalité.

J'entends par poète celui qui, quand il est épris d'une femme, voit son âme s'isoler en se détournant des chemins des hommes pour porter ses rêves, tels des corps faits de la gaieté du jour, de la terreur de la nuit, des hurlements des tempêtes et du silence des vallées. Puis son âme revient afin de tresser, de ses épreuves, une couronne pour la tête de la langue et façonner, de sa conviction, un collier pour son cou.

L'imitateur reste imitateur même quand il aime, courtise et compose des poèmes d'amour. Lorsqu'il veut parler du visage de sa bien-aimée et de son cou, il les compare à la lune et à la gazelle. Quand il imagine ses cheveux, sa silhouette et son regard, il les assimile à la nuit, au cyprès et aux flèches. Dès lors qu'il se plaint, il utilise ces mots : paupières qui veillent, aube lointaine et blâme imminent. S'il veut aller jusqu'à produire un miracle dans l'art de la rhétorique, il déclame ceci : « Ma bien-aimée implore le narcisse des yeux pour que la perle des larmes arrose la rose des joues,

L'avenir de la langue arabe

et elle se mord les jujubes de ses doigts avec les grêles de ses dents. » Notre cher perroquet répète cette vieille chanson sans savoir qu'il empoisonne avec sa lourdeur les richesses de la langue et qu'il en méprise par sa stupidité et sa banalité l'honneur et la noblesse.

J'ai parlé du découvreur et des avantages qu'il peut apporter, et du stérile et de ce qu'il cause comme dommages, mais je n'ai pas mentionné ceux qui sacrifient leur vie en composant des dictionnaires, des glossaires et des encyclopédies. Il est vrai que je n'en ai pas dit mot, car à mon sens ils sont comme des rivages entre le flux de la langue et son reflux ; leur fonction ne dépasse guère celle du tamis et le criblage est en effet une tâche bien utile. Mais que peuvent-ils tamiser, si la force de création de la nation ne sème que de l'ivraie pour n'en récolter que de la paille et ne rassemble dans son aire de battage que des épines et des vers luisants ?

Je répète que la vie de la langue, son unification et sa généralisation ainsi que tout ce qui se rapporte à elle sont et resteront dépendants de l'imagination du poète. Mais est-ce que nous avons des poètes ?

Oui, nous en avons. Tout Oriental peut être un poète dans son champ et son jardin, devant son métier à tisser et dans son temple, ainsi que du haut de sa chaire et près de sa bibliothèque. Tout Oriental peut se libérer de la prison de l'imitation et des traditions et sortir dans la lumière du soleil pour marcher dans la procession de la vie. Tout Oriental peut s'abandonner à la force de créativité cachée en son âme, cette force qui est en deçà de l'éternité passée et au-delà de l'éternité future, celle-là même qui fait lever, de leur tombe, les fils de Dieu.

Merveilles et curiosités

Quant à ceux qui font épouser à leurs dons les formes versifiées d'un poème et celles éparses d'une prose, je leur dis : Ne souffrez pas que vos desseins personnels emboîtent le pas aux prédécesseurs ; car il est préférable pour vous, comme pour la langue arabe, de bâtir une modeste hutte de votre moi authentique plutôt que d'ériger un grand édifice de votre moi emprunté. Que la fierté de votre âme vous interdise de composer des panégyriques, des élégies et d'autres poèmes de circonstance ; car il est préférable pour vous, comme pour la langue arabe, de mourir délaissés et dédaignés que de voir votre cœur se consumer comme de l'encens devant les monuments et les statues. Que votre ardeur patriotique soit un élan pour dépeindre la vie orientale et tout ce qu'elle contient comme étrangetés douloureuses et comme curiosités réjouissantes ; car il est préférable pour vous, comme pour la langue arabe, de prendre le plus simple événement dans votre entourage et de le couvrir d'une vêture tissée de votre imagination que de traduire en arabe les plus belles et les plus sublimes œuvres écrites par les Occidentaux.

Ibn al-Farid

'Omar Ibn al-Farid[1] était un poète d'inspiration divine. Son âme assoiffée s'abreuvait du vin de l'esprit jusqu'à s'enivrer ; dès lors elle errait en volant par-dessus le monde sensible, là où voguent les rêves des poètes, les soupirs des amoureux et les désirs des mystiques. Puis surprise de se voir dégrisée, elle revenait dans le monde visible pour coucher sur le papier ce qu'elle avait vu et entendu. Ses propos sont beaux et émouvants, sans qu'ils soient pour autant dépourvus, dans certains cas, de cette complexité lexicale connue sous le nom de figures de style, alors qu'à mes yeux elle manque précisément de style.

Toutefois si nous faisons abstraction de la technique d'Ibn al-Farid et que nous observons son art dans son essence et ce qu'il y a au-delà de cet art comme mani-

---

1. Ibn al-Farid : poète arabe (Le Caire, 1181-1234) originaire de Hamâ en Syrie. Il est considéré comme le plus grand poète arabe du soufisme. Il abandonna ses études en jurisprudence islamique et se réfugia sur le mont Muqattam près du Caire puis en Arabie, non loin de La Mecque, pour y mener en solitaire une vie religieuse. Son poème le plus célèbre est le *Nadhm as-Sulûk — Composition des conduites —* où, en 760 vers répétant la même rime, il développe le thème du désir mystique qui tend à s'assimiler à Dieu.

festations spirituelles, nous constaterons qu'il est un prêtre dans le temple de la pensée absolue, un prince dans le royaume de l'immense imagination, un commandant dans la puissante armée des mystiques, cette armée qui avance d'un pas lent mais ferme vers la cité de la vérité, écrasant sur son chemin les petitesses de la vie et ses vétilles, fixant à jamais la magnificence de la vie et sa splendeur.

Ibn al-Farid connut une époque dénuée de création intellectuelle et d'innovation spirituelle ; il vécut au sein d'un peuple adonné à l'imitation et à la tradition, absorbé dans l'explication et la clarification de ce que l'Islam lui avait légué comme honorable héritage littéraire et philosophique. Cependant, le génie, ce prodige céleste, guida ce poète originaire de Hamâ (Syrie). Il renonça alors à son époque et à son milieu pour mener une vie solitaire, composant, de ses visions, des poèmes éternels qui relient le visible à l'invisible dans la vie.

Ibn al-Farid ne puisait pas ses thèmes dans les événements quotidiens comme le fit Al-Mutanabbi [1]. Et il n'était pas soucieux des énigmes de la vie et ses arcanes comme le fut Al-Ma'arri [2]. Il fermait plutôt les yeux sur le monde pour voir au-delà de lui et se bouchait les

---

1. Al-Mutanabbi : poète arabe (Koufa, 915-Bagdad, 965). Dans sa jeunesse, il se serait fait passer pour prophète, d'où son nom *al-Mutanabbi*, « celui qui prétend à la prophétie ».
2. Abou al-'Alâ al-Ma'arri : écrivain et poète arabe (Al-Ma'arrat, 973-1058) originaire du nord de la Syrie. Il fut atteint de cécité dès l'âge de quatre ans. Il était renommé pour son scepticisme et son pessimisme. Enigmatique et allusive, son œuvre fut souvent interprétée comme une parodie du Coran.

oreilles au tumulte de la terre afin d'écouter les chants de l'infini.

Tel fut Ibn al-Farid : une âme aussi pure que les rayons du soleil, un cœur embrasé et un esprit aussi serein qu'un lac au milieu des montagnes. Bien qu'il fût moins courageux que les poètes préislamiques et moins gracieux que les postislamiques, dans sa poésie il est des rêves non rêvés par les premiers et des desseins non atteints par les derniers.

La nouvelle ère

Le Levant est aujourd'hui tiraillé entre deux courants d'idées, l'un qui est figé dans son passé et l'autre qui aspire à l'avenir. Et comme les idées d'hier sont dépourvues de force et de volonté, elle seront vaincues à jamais.

Il est au Levant un éveil qui séduit la somnolence, un éveil invincible, car le soleil est son chef et l'aube son armée.

Dans les champs du Levant, jadis vastes cimetières, la jeunesse du printemps appelle les mânes des sépulcres à se lever et à avancer avec les jours. Et si le printemps ne chante pas sa mélodie, alors le démon de l'hiver sera ressuscité, déchirant son linceul pour se lever et marcher.

Dans les airs du Levant se répandent des ondes vivantes qui s'élèvent et s'étendent afin d'enlacer les âmes éveillées et sensibles, et de ceindre les cœurs altiers et intuitifs.

À présent, deux maîtres habitent le Levant : l'un ordonne et se fait obéir alors qu'il est un vieillard décrépit qui se meurt de jour en jour. Et l'autre reste silencieux, se conforme à la loi et à l'ordre et attend paisiblement l'avènement de la justice alors qu'il est un

La nouvelle ère

colosse aux bras musculeux qui, confiant en son existence, connaît sa force et croit en ses valeurs.

De nos jours, deux hommes habitent le Levant : l'homme du passé et l'homme de l'avenir. Lequel des deux êtes-vous, ô Levantin ?

Approchez afin que je vous regarde attentivement et que je lise les traits de votre visage pour savoir si vous avancez vers la lumière ou si vous sombrez dans l'obscurité. Approchez et dites-moi ce que vous êtes, qui vous êtes.

Êtes-vous un politicien qui *se demande ce que peut faire son pays pour lui* ? Si oui, vous n'êtes qu'un parasite, vivant de la chair d'autrui. Ou bien êtes-vous ce politicien zélé et enthousiaste qui, chuchotant à l'oreille de son être intime, *se demande ce qu'il peut faire pour son pays*[1] ? Si oui, vous êtes une oasis dans le désert.

Êtes-vous un marchand qui, abusant des besoins du peuple, monopolise le marché afin de vendre pour un dinar ce qu'il a acheté pour une piastre[2] ? Si oui, vous êtes un criminel, que vous viviez dans un palais ou dans une prison.

Ou bien êtes-vous ce marchand honnête et laborieux qui facilite l'échange entre tisserands et agriculteurs, et œuvre à être un maillon entre acheteurs et vendeurs, en faisant profiter les uns et les autres et en en tirant bénéfice avec équité ? Si oui, vous êtes un homme intègre, que l'on vous loue ou que l'on vous blâme.

Êtes-vous un chef religieux qui tisse pour son corps une toge de pourpre avec la candeur de ses fidèles,

---

1. Phrase prononcée par le président J. F. Kennedy.
2. Centième d'un dinar.

façonne pour sa tête une couronne avec la simplicité de leur cœur et, tout en prétendant haïr Satan, puise dans ses richesses ? Si oui, vous êtes un mécréant, un impie, que vous jeûniez tout au long du jour ou que vous priiez toute la nuit durant.

Ou bien êtes-vous ce religieux pieux et dévot qui voit dans la vertu de l'individu un fondement pour le progrès d'une nation et dans les secrets de son âme un tremplin vers l'Esprit universel ? Si oui, vous êtes un lys blanc dans le jardin de la vérité, que votre parfum se perde dans les narines de l'humanité ou s'élève libre dans l'éther où sont préservés les soupirs des fleurs.

Êtes-vous un journaliste qui vend ses idées et ses principes sur les marchés d'esclaves et qui s'engraisse de médisances, de malheurs et de crimes, tel un vautour vorace se repaissant de charognes ? Si oui, vous êtes une pustule et un ulcère.

Ou bien êtes-vous ce maître qui se tient sur l'une des tribunes de la civilisation et qui, après avoir sermonné sa propre âme, infuse dans les esprits du peuple son enseignement inspiré des gloires du passé ? Si oui, vous êtes une panacée pour l'humanité souffrante et un baume pour les cœurs meurtris.

Êtes-vous un chef d'État qui s'humilie devant ceux qui lui tournent le dos et humilie ceux qui lui font des courbettes, ne tend jamais la main hormis pour vider leur bourse et ne fait aucun pas vers eux si ce n'est dans le dessein d'assouvir sa convoitise ? Si oui, vous n'êtes que l'ivraie dans l'aire où les nations battent leur grain.

Ou bien êtes-vous ce serviteur fidèle qui gère les affaires du peuple, veille à ses intérêts et œuvre à réa-

La nouvelle ère

liser ses vœux ? Si oui, vous êtes une bénédiction pour ses greniers.

Êtes-vous un époux qui s'autorise à faire ce qu'il interdit à son épouse, allant badiner et batifoler, en gardant dans ses bottes les clefs de la prison où elle se trouve, pour se gorger de mets favoris jusqu'à en crever d'indigestion, tandis qu'elle reste assise dans sa solitude devant son assiette vide ? Si oui, vous êtes comme les sauvages d'antan qui vivaient dans des grottes et se vêtaient de peaux de bêtes.

Ou bien êtes-vous son compagnon qui, la main dans la main, partage avec elle toute pensée et tout succès ? Si oui, vous êtes cet homme qui, au point du jour, marche à la tête d'une nation vers le zénith de la justice et de la probité.

Êtes-vous un écrivain savant qui marche la tête haute alors que dans son cerveau il rampe dans le gouffre des temps reculés où des générations abandonnèrent leurs haillons et leurs inutilités ? Si oui, vous êtes une sottise brodée, une fioriture sur du papier.

Ou bien êtes-vous cette pensée limpide qui sonde son entourage pour lui apprendre l'art de discerner et dépense sa vie à ériger l'utile et à démolir le néfaste ? Si oui, vous êtes de la manne pour les affamés et de l'eau fraîche pour les assoiffés.

Êtes-vous un poète qui joue du tambourin à la porte des princes, lance des fleurs le jour des noces, et aux funérailles débite ses sons creux ? Si oui, vous êtes comme les baladins qui nous font rire quand ils pleurent et pleurer quand ils rient.

Ou bien êtes-vous cet esprit doué en qui Dieu a posé une cithare qui berce nos cœurs d'une musique céleste

Merveilles et curiosités

et rend nos âmes révérencieuses devant la Vie et tout ce qu'elle recèle comme beauté et magnificence ? Si oui, vous êtes une clairvoyance scintillante dans nos prunelles, un désir cristallin dans notre cœur et une vision divine dans nos rêveries.

Au Levant se déroulent deux processions : l'une est celle des vieillards voûtés par l'âge qui, s'appuyant sur leur bâton tordu, marchent en haletant alors qu'ils descendent vers les abîmes. L'autre est la procession des jeunes qui avancent à pas ailés, chantent comme si leur gorge était une lyre et gravissent les sommets avec vélocité comme si dans les fronts des montagnes il y avait une force qui les attirait et une magie qui envoûtait leur cœur.

Et vous donc, ô Levantin, dans quelle procession vous rangez-vous ?

Posez-vous la question, interrogez votre âme dans le silence de la nuit. Et comme votre âme est à présent dégrisée, demandez-vous si vous êtes un esclave d'hier ou un homme libre de demain.

Je vous dis que les enfants d'hier marchent dans les funérailles de l'ère qui les a engendrés et qu'ils ont engendrée. Ils s'accrochent à une corde qui s'est effilée avec le temps ; si elle se rompt — et cela ne saurait tarder —, ils tomberont dans les abîmes de l'oubli. Et je vous dis qu'ils habitent entre des murs croulants ; dès que la tempête se déchaînera — et bientôt cela se produira —, leur maison s'écroulera sur eux et deviendra leur tombe. En vérité, je vous dis que toutes leurs pensées et paroles, tous leurs écrits ne sont que des

La nouvelle ère

chaînes, et comme elles sont si lourdes et eux si faibles, ce sont elles qui les entraînent.

Quant aux enfants de demain, ce sont ceux que la vie a appelés, et ils l'ont suivie d'un pas ferme et la tête haute. Ils sont l'aube d'une nouvelle ère. Ni la fumée ne voilera leur lumière, ni le tintement des chaînes n'étouffera leur voix, ni les miasmes des eaux stagnantes ne vaincront leur bonté.

Ils sont peu nombreux parmi la foule. Mais on les distingue telle une branche fleurie dans une forêt calcinée, comme un grain de blé dans une meule de foin. Personne ne les connaît, mais ils se connaissent entre eux. Ils sont à l'instar des sommets, ils peuvent se distinguer entre eux, se comprendre et s'entraider ; quant aux cavernes, elles sont aveugles et sourdes.

Ils sont cette semence lancée dans un champ par la main de Dieu. Avec la force de sa chair, elle a brisé son enveloppe pour devenir une plante radieuse devant la face du soleil. Bientôt, elle sera un arbre majestueux dont les racines s'enfoncent dans le cœur de la terre et dont les branches aspirent aux profondeurs du firmament.

La solitude et l'isolement

La vie est une île dans une mer de solitude et d'isolement.

La vie de chacun de nous est une île dont les rochers sont nos désirs et les arbres nos rêves, et dont les fleurs sont notre mélancolie et les sources notre soif.

Ta vie, mon frère, est une île séparée de toutes les autres îles et régions. Et quel que soit le nombre de bateaux et de barques que tu enverrais vers d'autres rivages et quel que soit le nombre de vaisseaux et de bâtiments qui atteindraient tes rivages, tu restes toi-même une île isolée dans ses douleurs et close dans ses joies, une île éloignée dans sa nostalgie et inconnue dans ses secrets.

Je t'ai vu, mon frère, assis sur ton monticule d'or, heureux de ta richesse et fier de ton opulence ; tu ressentais que chaque poignée d'or tisserait un lien invisible entre les pensées et les penchants des hommes et les tiens propres. Tu me paraissais tel un grand conquérant, conduisant des troupes à l'assaut des forteresses afin de les abattre et les investir. Mais quand à nouveau j'ai regardé, je n'ai vu qu'un cœur solitaire et meurtri derrière tes coffres d'or, tel un oiseau assoiffé dans une cage toute dorée mais dépourvue d'eau.

La solitude et l'isolement

Je t'ai vu, mon frère, assis sur un trône de gloire. Tout autour, le peuple t'acclamait et chantait les louanges de tes vertus et de tes dons, les yeux fixés sur toi comme sur un prophète qui avec la force de son âme élève l'âme de chacun jusqu'à la voûte céleste. Je t'ai vu les regarder et sur ton visage étincelaient des signes de félicité, de puissance et de triomphe, comme si tu étais pour eux ce que l'esprit est pour le corps. Mais quand à nouveau j'ai regardé, j'ai vu ton moi solitaire debout près de ton trône, souffrant de son isolement. Puis je l'ai vu se tourner dans toutes les directions, les bras tendus, comme s'il demandait grâce et miséricorde à d'invisibles fantômes ; et par la suite je l'ai vu regarder au loin par-dessus les têtes de la foule, en quête d'un abri écarté qui ne contiendrait rien d'autre que sa propre solitude.

Je t'ai vu, mon frère, très épris d'une belle femme, laissant fondre ton cœur sur ses chevelures et emplissant ses mains de doux baisers ; et je l'ai vue te regarder avec des yeux scintillants de tendresse et des lèvres empreintes de douceur maternelle. Je me suis dit alors que l'amour avait brisé ta solitude et que tu avais fini par rejoindre l'Esprit universel, lequel attire à lui-même par amour ce qui s'est séparé de lui par oubli. Hélas, quand à nouveau j'ai regardé, j'ai vu au sein de ton cœur épris d'amour un autre cœur solitaire qui désirerait épancher ses secrets sur la tête de cette femme, mais en vain. Et j'ai vu derrière ton âme qui se fondait d'amour une autre âme solitaire ; elle ressemblait à une nuée qui aimerait se transformer en larmes dans les mains de ta compagne, mais en vain.

Merveilles et curiosités

Ta vie, mon frère, est une maison isolée, loin de toute demeure et de tout quartier.

Ta vie intime est une maison loin des chemins des apparences que les hommes désignent par ton nom. Si cette maison était sombre, tu ne pourrais l'éclairer avec la lampe de ton voisin ; et si elle était vide, tu ne pourrais la remplir des richesses de ton prochain. Si elle s'élevait dans un désert, tu ne pourrais la transporter dans un jardin cultivé par d'autres mains ; et si elle était juchée au sommet d'une montagne, tu ne pourrais la descendre dans une vallée foulée par d'autres pieds.

Ta vie intime, mon frère, est encerclée de solitude et d'isolement. Et sans cette solitude et cet isolement, tu ne serais point ce que tu es ni ce que je suis. Sans cet isolement et sans cette solitude, je pourrais croire en entendant ta voix que c'est ma voix qui parle, et en voyant ton visage que c'est le reflet de mon propre visage dans un miroir.

Iram aux colonnes

> N'as-tu pas vu comment ton Seigneur
> a agi envers les 'Âd d'Iram aux colonnes,
> cité dont on n'a rien créé de semblable
> sur terre.
>
> (Coran, 89, 6-8)

> Ne pourront y pénétrer que certains de
> mes fidèles.
>
> (Hadith)

LIMINAIRE

Après que Chaddad ibn 'Âd eut conquis le monde entier, il ordonna à mille émirs parmi les géants de 'Âd de se mettre à la recherche d'une vaste terre riche en eau et en air pur, loin des montagnes, afin d'y bâtir une cité en or. Les émirs partirent en quête d'une telle terre et chacun d'eux emmena avec lui un millier de serviteurs. Dès lors qu'ils la découvrirent et en furent émerveillés, ils demandèrent aux architectes et aux bâtisseurs de tracer le plan d'une cité carrée de quatre-vingts lieues de périmètre. Ils creusèrent les fondations jusqu'aux puits d'eau et élevèrent des murs avec de l'onyx yéménite jusqu'à la surface de la terre. Puis ils construisirent un rempart haut de cinq cents coudées qu'ils recouvrirent de plaques d'argent doré, tant et si bien que l'édifice ne se voyait guère sous l'éclat du soleil. Chaddad avait fait venir de l'or de toutes les mines du monde et en fit des briques. Il exhuma les trésors et construisit à l'intérieur de la ville cent mille palais, suivant le nombre des dignitaires de son royaume. Chaque palais était érigé sur des colonnes de cent coudées en topaze et rubis, tout enroulées d'or. Il fit couler au milieu d'elles des rivières et en fit des ruisseaux pour ces palais et ces demeures. Les chaussées étaient en or, en pierres précieuses et en rubis. Il orna les palais de plaques d'or et d'argent et planta sur les berges des rivières toutes sortes d'arbres dont les branches étaient en or, les feuilles et les fruits en topaze, rubis et perles. Les murs des palais furent enduits de musc et d'ambre. Et il fit aménager à son usage un jardin ciselé dont les arbres étaient d'émeraude et de rubis et d'autres pierreries encore. Et il y posa des oiseaux de toutes les couleurs dont certains hululaient et d'autres gazouillaient.

AL-CHA'BI, *Le Livre des biographies des rois.*

LE LIEU ET LE TEMPS

Une petite forêt de noyers, de peupliers et de grenadiers qui entoure une vieille maison isolée, située entre la source de l'Oronte et le village de Hirmil au nord-est du Liban.
Un après-midi de juillet 1883.

LES PERSONNAGES

ZAYN AL-'ABIDINE, *de Nahawand, derviche persan, quarante ans, surnommé le soufi.*
NAGIB RAHMÉ, *écrivain libanais, trente-trois ans.*
ÂMINA AL-'ALAOUIÉ *connue dans ces régions comme le djinn de la vallée, mais nul ne sait quel est son âge.*

Le rideau se lève et découvre Zayn al-'Abidine accoudé à même le sol à l'ombre des arbres. Il trace avec la pointe de son bâton des formes circulaires sur la terre. Quelques instants plus tard, Nagib Rahmé entre à cheval dans la forêt. Il met pied à terre et attache les rênes de son cheval au tronc d'un arbre. Puis il époussette ses habits et s'approche de Zayn al-Àbidine.

NAGIB RAHMÉ

La paix soit avec toi, maître.

ZAYN AL-'ABIDINE

Et avec toi également. *(Il tourne la tête en disant dans sa barbe :)* La paix nous l'acceptons. Mais le titre de maître, nous ne savons si nous l'acceptons ou pas.

NAGIB RAHMÉ, *promenant un regard inquisiteur.*

Est-ce bien ici qu'habite Âmina al-'Alaouié ?

ZAYN AL-'ABIDINE

Ceci est l'une de ses demeures.

NAGIB RAHMÉ

Vous voulez dire, maître, qu'elle aurait une autre maison !

ZAYN AL-'ABIDINE

Elle a d'innombrables demeures.

NAGIB RAHMÉ

Depuis ce matin je cherche et je demande à tous ceux que je rencontre de m'indiquer le foyer de Âmina

Iram aux colonnes

al-'Alaouié. Mais personne ne m'a dit qu'elle possédait deux ou trois maisons.

ZAYN AL-'ABIDINE

Cela montre que tu n'as rencontré depuis ce matin que ceux qui ne voient que de leurs yeux et qui n'entendent que de leurs oreilles.

NAGIB RAHMÉ, *étonné.*

Ce que vous dites pourrait être vrai. Mais veuillez être franc avec moi, maître. Est-ce bien en ce lieu qu'habite Âmina al-'Alaouié ?

ZAYN AL-'ABIDINE

Oui, en ce lieu habite parfois son corps.

NAGIB RAHMÉ

Me direz-vous enfin où elle se trouve maintenant ?

ZAYN AL-'ABIDINE

Elle est en tout lieu. *(Pointant sa main vers l'est :)* Quant à son corps, il se promène parmi ces collines et ces vallées.

NAGIB RAHMÉ

Reviendra-t-elle aujourd'hui en ce lieu ?

ZAYN AL-'ABIDINE

Elle reviendra si Dieu le veut.

Merveilles et curiosités

NAGIB RAHMÉ *s'assied sur un rocher
en face de Zayn al-'Abidine
et l'examine longuement du regard.*
Il me semble d'après votre barbe que vous êtes persan.

ZAYN AL-'ABIDINE
Oui, je suis né à Nahawand. J'ai grandi à Chiraz et j'ai étudié à Nichapour. Puis j'ai parcouru le monde de son levant à son couchant et je me sens étranger en tout lieu.

NAGIB RAHMÉ
Chacun de nous est étranger en tout lieu.

ZAYN AL-'ABIDINE
Non, en vérité. Car j'ai rencontré des milliers d'hommes et en conversant avec eux j'ai remarqué qu'ils étaient satisfaits de leur environnement et familiarisés avec leur entourage, se détournant du monde pour n'en connaître qu'une parcelle.

NAGIB RAHMÉ, *émerveillé
par les propos de son interlocuteur.*
L'homme, maître, est naturellement enclin à aimer le lieu de sa naissance.

ZAYN AL-'ABIDINE
Celui qui est limité est naturellement enclin à aimer ce qui est limité dans la vie. Et celui qui a la vue courte ne voit guère plus loin qu'une coudée du chemin qu'il foule de ses pieds et du mur auquel il est adossé.

Iram aux colonnes

NAGIB RAHMÉ
Il n'est pas donné à chacun de nous d'embrasser la plénitude de la vie. Et il est injuste d'exiger des malvoyants de voir ce qui est lointain et infime.

ZAYN AL-'ABIDINE
Tu as bien raison, car il est injuste de demander au raisin encore vert de donner du vin.

NAGIB RAHMÉ, *après quelques
instants de silence.*
Écoutez, maître, cela fait des années que j'entends parler de Âmina al-'Alaouié. Et les histoires racontées à son sujet m'ont impressionné à un point tel que j'ai pris la décision de la rencontrer afin de l'interroger sur ses secrets et ses mystères.

ZAYN AL-'ABIDINE, *l'interrompant.*
Y aurait-il quelqu'un au monde qui puisse connaître les secrets et les mystères de Âmina al-'Alaouié ? Y aurait-il un homme qui puisse parcourir le fonds de la mer comme s'il se promenait dans un jardin ?

NAGIB RAHMÉ
Je me suis mal exprimé, maître, et vous prie de m'en excuser. Certes, je ne puis pénétrer les arcanes de Âmina al-'Alaouié. Toutefois, j'aimerais écouter de ses lèvres l'histoire de son arrivée à Iram aux colonnes.

Merveilles et curiosités

ZAYN AL-'ABIDINE
Tu n'as qu'à attendre devant la porte de son rêve. Si elle s'ouvre, tu atteindras ton but. Et si elle reste close, tu ne pourras t'en prendre qu'à toi-même.

NAGIB RAHMÉ
Qu'entendez-vous par là, maître ?

ZAYN AL-'ABIDINE
Je veux dire que Âmina al-'Alaouié en sait plus sur les gens qu'eux-mêmes. Car elle voit, d'un seul coup d'œil, ce qui est caché en leur conscience, en leur cœur et en leur esprit. Ainsi, si elle te trouve digne de parler avec elle, elle s'adressera à toi. Dans le cas contraire, elle ne le fera pas.

NAGIB RAHMÉ
Que dois-je dire et faire pour être digne de l'entendre ?

ZAYN AL-'ABIDINE
Il est vain de tenter d'approcher Âmina al-'Alaouié au moyen de tout acte ou de toute parole. Elle n'écoutera point ce que tu dis ni ne regardera ce que tu fais. Elle entendra plutôt avec l'oreille de son oreille ce que tu ne dis pas, et elle verra avec l'œil de son œil ce que tu ne fais pas.

NAGIB RAHMÉ, *son visage laisse apparaître des marques d'étonnement.*
Comme vos paroles sont éloquentes et belles !

Iram aux colonnes

ZAYN AL-'ABIDINE
Ce que je dis au sujet de Âmina al-'Alaouié n'est autre que le balbutiement d'un muet qui s'évertue à chanter un hymne.

NAGIB RAHMÉ
Sauriez-vous, maître, où est née cette étrange femme ?

ZAYN AL-'ABIDINE
Elle est née dans le sein de Dieu.

NAGIB RAHMÉ, *intrigué*.
Je veux dire le lieu de naissance de son corps.

ZAYN AL-'ABIDINE
Aux environs de Damas.

NAGIB RAHMÉ
Pourriez-vous m'informer sur ses parents et sur son éducation ?

ZAYN AL-'ABIDINE
Tes questions ressemblent à celles des juges et des législateurs. Crois-tu pouvoir saisir l'essence des choses en t'enquérant de leurs apparences, ou réussir à connaître le goût du vin rien qu'en regardant la jarre ?

NAGIB RAHMÉ
Il est entre l'esprit et le corps un lien tout comme il est une relation entre le corps et son environnement. Et comme je ne crois pas au hasard, j'estime que la

Merveilles et curiosités

considération de ce lien et de cette relation n'est pas dénuée d'intérêt.

ZAYN AL-'ABIDINE

Tes propos me fascinent ! Il me semble que tu ne manques pas de science. Écoute donc. Je ne sais rien de la mère de Âmina al-'Alaouié, sinon qu'elle est morte à la naissance de sa fille. Quant à son père, le cheikh 'Abd al-Ghani, il était aveugle et connu sous le nom d'al-'Alaoui. Il était le grand maître d'ésotérisme et de soufisme de son temps. Il fut, paix à son âme, très profondément attaché à sa fille. Il s'occupa de son éducation et de sa culture et il versa dans son esprit tout le contenu du sien. Quand elle fut à la force de l'âge, il réalisa que les connaissances qu'elle avait acquises de lui étaient, au regard de la science infuse qu'elle avait reçue d'en haut, aussi infime que l'écume aux yeux de la mer. Il disait alors d'elle : « De mon obscurité jaillit une lumière avec laquelle je m'éclaire. » Lorsqu'elle eut vingt-cinq ans, il l'emmena avec lui pour accomplir le devoir du pèlerinage. Après avoir traversé le désert de la Syrie, trois étapes avant Médine, l'aveugle fut atteint d'une si forte fièvre qu'il mourut. Sa fille l'inhuma au pied d'une montagne et veilla sur sa tombe sept nuits durant ; elle conversa avec son esprit, lui demandant de lui dévoiler les secrets du monde occulte pour s'informer de l'au-delà du voile. La septième nuit, l'esprit de son père lui suggéra de libérer sa monture, de porter ses provisions sur l'épaule et de se diriger vers le sud-est, ce qu'elle fit.

Iram aux colonnes

Il cesse de parler un court instant, en scrutant l'horizon. Puis il poursuit son récit.

Âmina al-'Alaouié continua à avancer dans le désert jusqu'au Roub'al-Khali, le cœur de la péninsule Arabique, qu'aucune caravane n'avait jamais traversé et que seuls quelques individus avaient pu atteindre depuis le début de l'Islam jusqu'à nos jours. Les pèlerins crurent qu'elle s'était égarée dans le désert et qu'elle avait succombé à la faim. À leur retour à Damas, ils diffusèrent la nouvelle qui attrista tous ceux qui avaient connu les vertus de Âmina al-'Alaouié et celles de son père. Puis l'oubli vint ensevelir le souvenir de leur nom comme s'ils n'avaient jamais existé... Cinq ans plus tard, Âmina al-'Alaouié réapparut à Mossoul. Son apparition rayonnante de beauté et de noblesse ainsi que de bonté et de science fit l'effet d'une météorite qui venait de tomber. Elle marchait parmi les gens, le visage découvert, et participait aux réunions des ulémas et des imams, les entretenant des choses divines et leur décrivant Iram aux colonnes avec une éloquence inégalée. Lorsque sa réputation prit une ampleur immense et que se multiplia le nombre de ses adeptes et de ses disciples, les ulémas de la cité craignirent l'émergence d'une hérésie et appréhendèrent les insurrections. Ils la dénoncèrent alors au wali. Celui-ci la manda et lui remit une bourse pleine d'or en la priant de quitter la ville. Elle refusa l'argent et, la nuit venue, elle s'en alla sans le moindre compagnon. Elle partit pour Constantinople puis Alep, Damas et Homs pour arriver à Tripoli. Et dans chacune de ces villes elle stimulait ce qui était inerte dans les âmes des gens et ranimait ce qui était éteint dans leur cœur. Ils se rassemblaient autour d'elle et, attirés par un pouvoir magique, l'écoutaient relater ses étranges expériences. Toutefois, les théologiens et les doctes de chacune de ces cités lui faisaient front et réfutaient ses dires, s'en plaignant aux gouverneurs. Par la suite, son âme étant désireuse de solitude, elle vint se retirer en ce lieu. C'était il y a quelques années. Elle y mena une existence recluse et pieuse, déprise de tout sauf de l'approfondissement des mystères. Ce n'est là qu'une infime partie de ce que je connais de la vie de Âmina al-'Alaouié. Quant à ce que je sais, par la grâce divine, de son moi spirituel et de ce qui s'harmonise en son âme comme forces et dons, je ne puis en parler maintenant. Qui d'entre les hommes pourrait recueillir en de simples coupes l'éther qui enveloppe ce monde ?

NAGIB RAHMÉ, *ému.*
Je vous suis reconnaissant, maître, pour tout ce que vous avez bien voulu me raconter sur cette étrange femme. Vous avez redoublé mon désir de me trouver en sa présence.

ZAYN AL-'ABIDINE, *le fixant un moment.*
Tu es chrétien, n'est-ce pas ?

NAGIB RAHMÉ
Je suis né chrétien. Toutefois, je sais que si nous faisions abstraction de ce qui s'agrippe à toutes les religions comme excroissances confessionnelles et sociales, nous découvririons qu'elles ne constituent qu'une seule et unique religion.

Iram aux colonnes

ZAYN AL-‘ABIDINE
Tu as touché juste. Et nul d'entre les hommes ne connaît aussi bien que Âmina al-Àlaouié cette unité absolue des religions. Elle est en l'homme, de quelque confession qu'il soit, comme la rosée du matin qui tombe des hauteurs en gouttelettes serrées de perles scintillantes entre les feuilles et les fleurs de diverses formes et couleurs. Oui, elle est comme la rosée du matin...

Il s'interrompt brusquement et regarde du côté est en prêtant l'oreille. Puis il se lève et fait signe à Nagib Rahmé d'être attentif. Celui-ci obtempère.

ZAYN AL-‘ABIDINE, *murmurant.*
Voilà Âmina al-‘Alaouié.

Nagib Rahmé pose la main sur son front comme s'il avait senti la manifestation d'un changement dans les particules de l'air. Puis il observe et il voit Âmina al-‘Alaouié s'approcher. Ses traits sont altérés et son cœur est en plein émoi. Mais il reste rivé sur place, il semble pétrifié... Âmina al-‘Alaouié entre en scène et s'arrête devant les deux hommes. Par sa physionomie, ses gestes et ses habits, elle ressemble davantage à une idole des peuples antiques qu'à une femme orientale contemporaine. Il est difficile d'estimer son âge d'un simple regard sur ses traits. Son visage, quoique juvénile, semble dissimuler un millénaire de savoir et d'expérience. Quant à Nagib Rahmé et à Zayn al-‘Abidine, ils demeurent immobiles avec une crainte révérencielle, comme s'ils étaient en présence d'un des prophètes de Dieu... Après avoir fixé Nagib Rahmé d'un regard qui lui transperçait la poitrine, Âmina al-'Alaouié s'approche de lui, les traits sereins, sourit et d'une voix cristalline dit :

ÂMINA AL-'ALAOUIÉ
Ô Libanais, tu es venu à notre rencontre, flairant nos nouvelles et t'enquérant de notre état. Tu ne trouveras en nous que ce qui est en toi, et tu n'entendras de nous que ce que tu as appris par toi-même.

NAGIB RAHMÉ, *ému.*
Voilà que j'ai vu, entendu et cru. Et j'en suis comblé.

ÂMINA AL-'ALAOUIÉ
Ne te contente pas de peu. Car qui s'approche des sources de la vie avec une jarre vide, s'en ira avec deux jarres combles.

Elle lui tend la main. Il la prend entre les siennes avec recueillement et pudeur. Entraîné par une force secrète, il baise le bout de ses doigts. Elle se tourne vers Zayn al-'Abidine et lui tend la main. Et celui-ci de faire comme Nagib Rahmé. Puis elle recule légèrement et s'assied sur une pierre sculptée devant sa demeure. Elle désigne un rocher tout près et dit à Nagib Rahmé :

Voici nos sièges, prends donc place.

Nagib Rahmé s'assied, suivi de Zayn al-'Abidine.

ÂMINA AL-ÀLAOUIÉ
Nous voyons dans tes yeux une des lumières de Dieu. Celui qui nous regarde avec la lumière de Dieu dans

Iram aux colonnes

ses yeux voit notre réalité nue et absolue. Et nous voyons sur ton visage de la curiosité qui par ta sincérité est élevée au rang du désir de vérité. S'il est un mot sur tes lèvres, dis-le et nous t'écouterons. Et s'il est une question dans ton cœur, pose-la et nous te répondrons.

NAGIB RAHMÉ
Je suis venu m'informer de ce qui intrigue les gens par son étrangeté. Mais à peine me trouvais-je en votre présence que je compris. La vie n'est autre que les différentes manifestations de l'Esprit universel. Ainsi il m'est arrivé ce qu'il advint à ce pêcheur qui jeta son filet à la mer avec l'espoir de le remplir de poissons ; et lorsqu'il le tira jusqu'au rivage, il y trouva une bourse remplie de pierres précieuses.

ÂMINA AL-'ALAOUIÉ
Tu es venu nous interroger sur notre visite à Iram aux colonnes, n'est-ce pas ?

NAGIB RAHMÉ
Oui, ma Dame. Depuis mon enfance, ces trois mots « Iram aux colonnes » hantent mes rêves et accompagnent mon imagination avec tout ce qu'ils recèlent de symboles et desseins secrets.

ÂMINA AL-'ALAOUIÉ *lève la tête,*
ferme les yeux et, d'une voix que Nagib
Rahmé croit venue du cœur de l'espace, elle dit :
Assurément, nous sommes parvenus à la cité voilée, nous y avons pénétré et y avons séjourné. Nous y avons empli notre esprit de ses fragrances, notre cœur de ses

Merveilles et curiosités

mystères et nos habits de ses perles et rubis. Celui qui nie ce que nous avons vu et connu nie sa propre existence devant Dieu.

NAGIB RAHMÉ, *d'un ton lent et circonspect.*

Je ne suis, ma Dame, qu'un enfant qui veut s'exprimer mais ne peut le faire qu'en balbutiant. Si je vous interroge c'est avec vénération, et si je cherche à approfondir un sujet c'est avec attention et sincère dévotion. Votre sympathie envers moi pourrait-elle intercéder en ma faveur dans le cas où mes nombreuses questions lasseraient votre mystère ?

ÂMINA AL-ʿALAOUIÉ

Demande ce que tu veux. Car Dieu ouvre les portes de la vérité à celui qui y frappe avec la main de la foi.

NAGIB RAHMÉ

Êtes-vous entrée dans Iram aux colonnes sous forme de corps ou d'esprit ? Est-elle une cité bâtie avec des éléments minéraux issus de la terre, et érigée en un lieu connu du monde ? Ou bien est-elle une cité immatérielle qui symbolise un état spirituel auquel seuls peuvent accéder les prophètes de Dieu et Ses saints dans une extase que Dieu fait flotter sur leurs âmes comme un voile ?

ÂMINA AL-ʿALAOUIÉ

Le visible et l'invisible sur la terre ne sont autres que des états spirituels. Je suis entrée dans la cité voilée avec mon corps qui est mon esprit visible et j'y suis entrée avec mon esprit qui est mon corps invisible.

Iram aux colonnes

Celui qui tente de différencier les atomes du corps s'abîme dans un fourvoiement manifeste. Car la fleur et son parfum ne font qu'un. Et l'aveugle qui nie la couleur et la forme de la fleur en disant : « La fleur n'est qu'un parfum qui vogue dans l'éther », ressemble à l'enrhumé qui dit : « Les fleurs ne sont que formes et couleurs. »

NAGIB RAHMÉ

Ainsi la cité voilée que nous appelons Iram aux colonnes est un état spirituel ? !

ÂMINA AL-'ALAOUIÉ

Tout ce qui est fixé dans l'espace et dans le temps est état spirituel. Tout ce qui est visible et tout ce qui est intelligible sont états spirituels. Si tu fermes les yeux et regardes dans les abysses de ton for intérieur, tu verras le monde dans son ensemble et dans ses détails, tu connaîtras profondément ce qu'il recèle comme lois, ce qu'il pratique comme méandres et ce qu'il explore comme chemins. Oui, si tu clos les yeux de ton corps et ouvres ceux de ton esprit, tu verras le commencement de l'existence et sa fin, cette fin qui à son tour devient commencement et ce commencement qui se transforme en fin.

NAGIB RAHMÉ

Tout homme peut-il en fermant les yeux voir l'essence absolue de la vie ?

ÂMINA AL-'ALAOUIÉ

Tout homme peut désirer avec une ardeur incessante et de plus en plus profonde jusqu'à ce que le désir ardent retire le voile des apparences devant ses yeux. Dès lors il verra son véritable moi. Et celui qui parvient à voir ce moi en lui finit par contempler l'essence absolue de la vie. Et tout moi n'est-il pas l'essence absolue de la vie ?

NAGIB RAHMÉ, *la main sur le cœur.*
Ainsi tout ce qui, dans l'existence, est sensible et intelligible se trouve ici, ici même dans mon cœur ?!

ÂMINA AL-'ALAOUIÉ
Tout ce qui est dans l'existence se trouve en toi, par toi et pour toi.

NAGIB RAHMÉ
Puis-je dire qu'Iram aux colonnes se trouve en mon essence et non dans l'existence ?

ÂMINA AL-'ALAOUIÉ
Tout ce qui est dans l'existence se trouve en ton essence et tout ce qui est en ton essence se trouve dans l'existence. Il n'est nulle frontière entre le plus proche et le plus lointain, ni entre le plus élevé et le plus profond, ni encore entre l'infiniment petit et l'infiniment grand. Dans une seule goutte d'eau se trouvent tous les secrets des mers, et dans un seul atome, tous les éléments de la terre. Dans un seul des mouvements de la pensée se trouvent tous les mouvements et les systèmes du monde.

Iram aux colonnes

NAGIB RAHMÉ, *perplexe.*

J'ai entendu dire, ma Dame, que vous avez parcouru de longues distances avant d'atteindre la région connue sous le nom d'al-Roub'al-Khali au cœur de la péninsule Arabique. J'ai également entendu que l'esprit de votre père vous accompagnait en vous inspirant et vous guidant jusqu'à Iram aux colonnes. Celui qui désire atteindre cette cité voilée ne doit-il pas se trouver dans un état similaire au vôtre et en posséder toutes les qualités physiques et morales pour, comme vous, y aboutir ?

ÂMINA AL-'ALAOUIÉ

Nous avons bel et bien traversé le désert, souffrant de la faim et de la soif, éprouvant les frayeurs et la fournaise du jour ainsi que les terreurs et le silence de la nuit avant de voir les murailles de la cité de Dieu. Toutefois, certains y étaient parvenus avant nous sans avoir avancé ne serait-ce que d'un pas. Ils avaient connu sa beauté et sa splendeur sans avoir éprouvé la faim dans le corps ou la soif dans l'esprit. Oui, en vérité, nombre de nos frères et sœurs étaient venus visiter cette ville sainte sans avoir eu à sortir de leurs demeures natales.

Elle s'interrompt et garde le silence un instant. Puis elle tend la main, désignant les arbres et les myrtes qui l'entourent.

Chacune des graines que l'automne sème au sein de la terre a sa propre manière de séparer l'enveloppe du noyau et de faire croître ses feuilles, ses fleurs et ses fruits. Mais quels que soient les chemins empruntés, la destination de toutes les graines est la même : se tenir devant la face du soleil.

ZAYN AL-'ABIDINE *se penche en avant et en arrière comme s'il était transporté en esprit dans un monde sublime. Puis il s'écrie d'une voix harmonieuse :*
Allah est le Très-Haut. Il n'est d'autre divinité qu'Allah, le Généreux, qui projette Son ombre entre nos langues et nos lèvres.

ÂMINA AL-'ALAOUIÉ
En effet, dis : « Allah est le Très-Haut. Il n'est d'autre divinité qu'Allah et il n'est rien d'autre qu'Allah. »

Zayn al-'Abidine répète en son cœur ces paroles et Nagib Rahmé fixe Âmina al-'Alaouié, l'air envoûtée, et dit d'une voix à peine audible :

NAGIB RAHMÉ
Il n'est rien d'autre qu'Allah.

ÂMINA AL-'ALAOUIÉ
Dis : « Il n'est d'autre divinité qu'Allah et il n'est rien d'autre qu'Allah », et reste chrétien.

NAGIB RAHMÉ *baisse la tête et répète ces mots en son cœur avant de relever la tête, disant :*
Je l'ai fait, ma Dame, et je répéterai ces mots jusqu'à la fin de ma vie.

Iram aux colonnes

ÂMINA AL-'ALAOUIÉ

Ta vie n'a pas de fin. Tu continueras à exister tant que perdure toute chose.

NAGIB RAHMÉ

Qui suis-je et que suis-je pour continuer à exister éternellement ?

ÂMINA AL-'ALAOUIÉ

Tu es toi-même et tu es toute chose. C'est pourquoi tu continueras à exister éternellement.

NAGIB RAHMÉ

Je sais naturellement, ma Dame, que les atomes dont est composée mon unité matérielle continueront à exister tant que durera l'existence de la matière. Mais cette idée que j'appelle moi durera-t-elle ? Cet infime éveil ceinturé par la somnolence saura-t-il perdurer ? Continueront-elles à vivre, ces bulles d'écume que la lumière du soleil fait scintiller et que les vagues de la mer ont enfantées, alors que ces mêmes vagues viendront les effacer pour en enfanter d'autres ? Vont-ils se perpétuer, ces vœux et ces espérances ainsi que ces peines et ces joies ? Pourront-elles survivre, ces illusions frémissantes dans ce sommeil discontinu, en cette nuit étrange par ses merveilles et immense par son envergure, sa profondeur et sa hauteur ?

Merveilles et curiosités

ÂMINA AL-'ALAOUIÉ lève les yeux
vers le ciel comme si elle devait recevoir
quelque chose des trous noirs du firmament
et d'un ton affirmatif, plein de force,
de savoir et d'expérience, elle dit :

Tout ce qui existe perdurera. Et son existence même est preuve de sa pérennité. Quant à l'idée, elle est le Savoir dans sa totalité ; sans elle le monde n'aurait pas su s'il existait ou non. Elle est une entité en deçà de l'éternité passée et au-delà de l'éternité future, une entité perpétuelle. Elle ne se modifie que pour franchir des degrés dans la quintessence, ne disparaît que pour réapparaître sous une image encore plus éclairée et ne se livre au sommeil que pour rêver d'un éveil plus sublime encore. Je suis étonnée de voir celui qui certifie la pérennité des atomes dans les enveloppes extérieures que nos sens se représentent, mais qui nie la raison pour laquelle elles furent faites. Je suis surprise de voir celui qui atteste l'immortalité des éléments dont est composé l'œil, mais qui doute de l'immortalité du regard, lequel a pris l'œil comme instrument. Je suis étonnée de voir celui qui confirme la perpétuité des effets mais qui décrète l'extinction des causes. Je suis surprise de voir celui qui se préoccupe de tout ce qui est apparent et crée en se détournant de Celui qui crée et rend apparent. Je suis étonnée de voir celui qui divise la vie en deux parties pour croire en celle qui est passive et renoncer à celle qui est active. Je suis surprise de celui qui regarde ces montagnes et plaines inondées de soleil, qui écoute le vent parler par les langues des branches et qui hume les parfums des fleurs et des myrtes pour se dire par la suite : « Ce que je vois et ce

Iram aux colonnes

que j'entends ne sera jamais anéanti tout comme ce que j'apprends et ce que je ressens ne sera jamais détruit. Toutefois, cet esprit pensant qui, voyant, s'en trouve stupéfié puis contemplatif, et qui, écoutant, s'en trouve réjoui puis mélancolique ; cet esprit qui, ressentant, frémit pour ensuite s'épanouir et qui, apprenant, se désespère pour enfin reconnaître ; cet esprit qui entoure toute chose disparaîtra comme les bulles d'écume sur la surface de la mer et comme l'ombre face à la lumière. » Oui, en vérité, je suis étonnée qu'un être puisse nier son entité.

NAGIB RAHMÉ, *enthousiaste.*
Je crois en mon entité, ma Dame. Celui qui vous écoute parler et ne croit pas ressemble plus à un rocher qu'à un être humain.

ÂMINA AL-'ALAOUIÉ
Dieu a placé dans l'âme de chacun de nous un envoyé qui nous guide vers la lumière. Toutefois, certains d'entre nous recherchent la vie hors d'eux-mêmes. Or la vie est en eux, mais ils n'en savent rien.

NAGIB RAHMÉ
Existerait-il hors de nous des lumières sans lesquelles nous ne pouvons parvenir à notre tréfonds ? N'y a-t-il pas dans notre environnement des forces qui tirent les nôtres de leur torpeur et des influences qui éveillent ce qui sommeille en nous ?

Hésitant, il baisse la tête un moment ; puis il ajoute :

Merveilles et curiosités

L'esprit de votre père ne vous a-t-il pas légué des choses qu'ignorent le prisonnier du corps et l'otage des jours et des nuits ?

ÂMINA AL-'ALAOUIÉ

En effet, mais il est vain que le visiteur frappe à la porte d'une maison si à l'intérieur il n'est personne pour l'entendre et lui ouvrir. Car l'homme est un être qui se tient entre l'infini à l'intérieur de lui et l'infini à l'extérieur de lui. Il y a en nous ce qui existe en nous, ce sans quoi ce qu'il y a hors de nous n'existerait pas. Certes, l'esprit de mon père m'a parlé ; car mon esprit a interpellé le sien, qui a révélé à ma compréhension extérieure ce que savait déjà ma compréhension secrète. Ainsi, sans ma faim et ma soif, je n'aurais pas eu de pain et d'eau. Et sans mon désir ardent et ma nostalgie, je n'aurais pas atteint leur assouvissement.

NAGIB RAHMÉ

Est-il donné à chacun de nous, ma Dame, de pouvoir tirer un fil de son désir ardent et de sa nostalgie pour relier son esprit à ceux qui sont libérés de leurs corps ? N'y a-t-il pas un certain nombre de personnes dotées du pouvoir de communiquer avec les esprits et de transmettre leurs volontés et leurs desseins ?

ÂMINA AL-'ALAOUIÉ

Il existe entre les hôtes de l'éther et ceux de la terre des dialogues de jour et des conversations de nuit aussi réguliers que le défilement du jour et de la nuit. Il n'est d'homme qui n'obéisse à la volonté des invisibles forces douées de raison. Nombreuses sont les actions que l'individu s'imagine accomplir par libre arbitre alors

Iram aux colonnes

qu'en réalité il y est destiné. Ô combien de grands hommes dans ce monde ont tiré leur gloire de leur soumission totale à la volonté de l'un des esprits, de la même manière qu'une lyre aux cordes subtiles se livre aux pincements d'un musicien expert. Assurément, il est entre le monde visible et le monde intelligible une voie que nous traversons dans des extases qu'il nous arrive de connaître alors que nous sommes inconscients. Puis nous revenons, les mains de notre esprit pleines de graines que nous semons dans la terre de notre vie quotidienne et qui germeront en vénérables actions et en immortelles paroles. Sans ces voies ouvertes entre nos esprits et ceux de l'éther, nul prophète ne serait apparu aux hommes, nul poète ne se serait élevé au milieu d'eux, nul sage n'aurait marché parmi eux.

Et haussant la voix :

En vérité je le dis, et la fin des temps m'est témoin. Entre les hôtes de l'au-delà et ceux d'ici-bas il est des liens semblables à ceux qui unissent le commandeur à celui qui est commandé, et l'avertisseur à celui qui est averti. Nous sommes entourés des ardeurs qui attirent notre cœur, des intelligences qui avisent notre compréhension et des puissances qui éveillent nos forces. Nos doutes n'infirment pas notre obéissance à ce dont nous doutons. Notre abandon aux vœux de notre corps ne nous détourne pas de ce que les esprits recherchent en nous. Notre cécité à l'égard de notre vérité ne voile pas celle-ci au regard de ceux qui demeurent voilés. Si nous arrêtons de marcher, en fait nous continuons à le faire de par leur déplacement. Si nous cessons d'agir, en réa-

Merveilles et curiosités

lité nous continuons à nous mouvoir par leurs mouvements. Et si nous gardons le silence, nous continuons à parler par leur voix. Notre sommeil ne bannit pas en nous leur éveil, et notre éveil ne dévie pas leurs rêves hors des scènes de notre imagination. Eux et nous sommes dans deux mondes qu'englobe un seul monde, dans deux états ceints d'un seul état, dans deux existences réunies en une Conscience universelle, éternelle et une. Elle est sans commencement ni fin et nul ne peut transcender sa hauteur et sa profondeur ; elle ignore toute limite et échappe à toute direction.

NAGIB RAHMÉ

Viendra-t-il le jour, ma Dame, où nous connaîtrons par la recherche scientifique et l'expérience pratique ce qu'à présent notre esprit ne connaît que par l'imagination et ce que notre cœur n'éprouve que par le désir ardent ? La survivance du moi spirituel après la mort nous sera-t-elle confirmée comme le furent certains secrets de la nature, de sorte que nous pourrons toucher avec la main de la connaissance abstraite ce que nous touchons à présent avec les doigts de la foi ?

ÂMINA AL-'ALAOUIÉ

Oui, ce jour viendra. Toutefois, combien fourvoyés sont ceux qui comprennent une vérité abstraite avec quelques-uns de leurs sens, demeurant cependant perplexes à son sujet jusqu'à ce qu'elle se révèle à leurs autres sens. Bien étrange est celui qui entend le merle chanter et le voit voler tout en continuant à douter de ce qu'il entend et voit tant que, de sa propre main, il ne saisit le corps du merle. Bien curieux est celui qui rêve d'une belle vérité puis tente, en vain, de lui donner corps et de l'enfermer dans les moules des apparences et finit par se méfier du rêve, nier la vérité et soupçonner la beauté. Bien ignorant est celui qui s'imagine un objet et le conçoit sous sa forme et dans ses traits puis, ne parvenant pas à l'attester avec les mesures superficielles et les preuves verbales, considère l'imagination comme illusion et la conception comme chose vide. Mais s'il avait un tant soit peu approfondi la question et médité un moment, il aurait su que l'imagination est une réalité qui ne s'est pas encore matérialisée et que la conception est une connaissance trop sublime pour se soumettre aux chaînes des mesures, trop élevée et trop large pour être enfermée dans la geôle des mots.

NAGIB RAHMÉ

Y a-t-il vraiment en toute imagination une réalité et en toute conception une connaissance ? !

ÂMINA AL-'ALAOUIÉ

C'est la vérité même. Le miroir de l'âme ne peut réfléchir que ce qui se dresse devant lui ; il serait incapable de faire autrement, même s'il le voulait. Le lac dans son calme le plus plat ne te montre pas dans ses profondeurs les crêtes des montagnes, les dessins des arbres et les formes des nuages qui n'existent pas en réalité ; il n'aurait pu le faire, l'eût-il voulu. Les antres de l'esprit ne te renvoient pas l'écho des voix qui ne font pas réellement frissonner l'éther, quand bien même ils l'auraient voulu. La lumière ne projette pas sur la terre l'ombre d'un objet qui n'existe pas, même si elle l'avait voulu. Car la foi en une chose est connais-

Merveilles et curiosités

sance de la chose. Le croyant voit avec sa vision spirituelle ce que les chercheurs et les érudits ne voient pas avec les yeux de leur tête, et il saisit par ses idées innées ce qu'ils ne peuvent comprendre par leurs idées acquises. Le croyant expérimente les saintes vérités avec des sens différents de ceux dont usent tous les hommes. Ceux-ci considèrent ses sens comme des murailles impénétrables, alors ils poursuivent leur chemin, disant : « Cette cité n'a point de porte. »

Elle se lève et s'avance vers Nagib Rahmé. Puis avec le ton de celui qui ne veut pas en dire davantage, elle conclut :

Le croyant vit la plénitude des jours et des nuits. Quant à l'incroyant, il n'en vit que quelques secondes. Bien étroite est la vie de celui qui place sa main entre son visage et le monde entier pour ne voir que les lignes de sa paume. Et bien immense est ma pitié envers celui qui tourne le dos au soleil et ne voit que l'ombre de son corps sur le sol.

NAGIB RAHMÉ *se tient debout,
sentant approcher l'heure du départ.*

À mon retour, dirai-je aux gens, ma Dame, qu'Iram aux colonnes est une cité de rêves spirituels, et que Âmina al-'Alaouié y est parvenue par le chemin du désir ardent et qu'elle y est entrée par la porte de la foi ?

ÂMINA AL-'ALAOUIÉ

Dis-leur qu'Iram aux colonnes est une citée réelle et que son existence est de même nature que les mon-

Iram aux colonnes

tagnes et les forêts, les mers et les déserts. Dis-leur que Âmina al-'Alaouié l'a atteinte après avoir effectué la traversée du désert et enduré les affres de la faim et les brûlures de la soif, ainsi que le désarroi de la solitude et l'effroi de l'isolement. Dis-leur que les titans de l'éternité ont édifié Iram aux colonnes avec ce qui s'est cristallisé, est devenu quintessence dans les éléments de l'existence. Ils ne l'ont point dissimulée aux hommes, mais ce sont les hommes qui se sont voilé l'âme pour ne pas la voir. Celui qui s'égare sur son chemin vers elle, qu'il se plaigne de son guide et de son chamelier, au lieu des difficultés du chemin et de ses complications. Dis aux gens que celui qui n'allume pas sa lampe ne voit dans les ténèbres que ténèbres.

Elle lève la tête vers le ciel et ferme les yeux. Sur ses traits apparaît un voile de tendresse et de grâce.

NAGIB RAHMÉ *s'approche d'elle, la tête baissée,*
et demeure silencieux un moment.
Puis il lui baise la main en murmurant :
Le soleil est sur le point de se coucher. Je dois regagner les demeures des hommes avant que l'obscurité n'enveloppe la route.

ÂMINA AL-'ALAOUIÉ
Va dans la lumière à la garde de Dieu.

NAGIB RAHMÉ
J'irai à la lumière du flambeau que vous avez placé dans ma main, ma Dame.

Merveilles et curiosités

ÂMINA AL-'ALAOUIÉ

Marche dans la lumière de la vérité que ne sauraient point éteindre les vents.

Elle pose sur lui un long regard pétri de lumière maternelle. Puis elle se retourne pour marcher entre les arbres jusqu'à disparaître de sa vue.

ZAYN AL-'ABIDINE, *s'approchant de Nagib Rahmé.*

Où vas-tu maintenant ?

NAGIB RAHMÉ

Je vais chez des amis qui habitent près de la source de l'Oronte.

ZAYN AL-'ABIDINE

Puis-je t'accompagner ?

NAGIB RAHMÉ

Avec joie. Mais je croyais que vous resteriez auprès de Âmina al-'Alaouié. Mon esprit vous a mis au rang des bienheureux, et j'aurais aimé être à votre place.

ZAYN AL-'ABIDINE

C'est à distance que nous vivons de la lumière du soleil. Qui d'entre nous peut vivre dans le soleil ? *(Sur un ton chargé de sens profond :)* Je viens une fois par semaine pour recueillir sa bénédiction et me ressourcer. Et quand vient le soir, ne désirant rien de plus, je m'en retourne satisfait.

Iram aux colonnes

NAGIB RAHMÉ

Je souhaite que tous les hommes viennent une fois par semaine pour recueillir sa bénédiction et se ressourcer, et qu'ils s'en retournent satisfaits et apaisés.

Il détache les rênes de son cheval et le conduit tout en marchant auprès de Zayn al-'Abidine.

Rideau.

Mon silence est chant

Mon silence est chant et ma faim, satiété ;
ma soif déborde d'eau et mon éveil regorge d'ivresse.

Il est dans mes langueurs des fiançailles et dans mon exil, retrouvailles ;
et dans mon essence, manifestation et dans mon apparence, dissimulation.

Que de fois je me suis plaint de mon sort alors que mon cœur en était fier ;
et que de fois j'ai pleuré et mes lèvres s'en trouvaient radieuses.

Que de fois j'ai souhaité un être intime alors qu'il était près de moi ;
et que de fois j'ai recherché une chose, et la chose était entre mes mains.

Et la nuit obscure disperse mes désirs
sur les tapis de mes rêves pour être recueillis par l'aube.

J'ai regardé mon corps dans le miroir de mon âme
et je l'ai trouvé en esprit comprimé par la pensée.

Mon silence est chant

Il est en moi Celui qui m'a extirpé et a épanoui mon
 être ;
et il est en moi la mort, la renaissance et la résurrection.

Si je n'étais pas vivant, je ne mourrais pas ;
et sans le dessein de l'âme, la tombe ne m'aurait pas
 recherché.

Et quand j'ai demandé à l'âme ce que fait le destin de
 mes innombrables vœux,
elle m'a répondu que je suis le destin.

À mes détracteurs

Ô vous qui nous êtes hostiles alors que la seule faute
que nous ayons commise émane de nos rêves.
Nos rêves sont un nectar qui n'a pas de coupes,
comment alors le faire boire à ceux qui nous blâment !
Et ce sont des mers dont le flux est notre silence
et dont le reflux, l'encre de nos plumes.

Vous vous êtes approchés d'hier,
alors que nous avons penché vers un jour brodé de secrets.
Vous avez cherché à glorifier le passé et leurs ombres,
alors que nous suivons l'ombre de l'espérance.
Vous avez sillonné la terre par monts et par vaux,
alors que nous traversons, dans l'espace, l'univers.

Critiquez, insultez, maudissez, raillez
et envahissez mes jours par des querelles ;
mais encore opprimez, tyrannisez, lapidez et crucifiez.
Car l'esprit en nous est une essence au-delà de toute offense.
Nous, nous sommes un astre qui ne va pas en arrière
qu'il soit dans les ténèbres ou dans la lumière.

À mes détracteurs

Si vous nous considérez comme une déchirure dans l'éther,
vous ne pourrez la recoudre avec des mots.

Ô âme

Si je ne recherchais pas l'éternité par ambition,
je n'aurais pas appris la mélodie que chantent les éons.
Je me serais plutôt contraint de mettre fin à ma vie,
le visible en moi se serait ainsi étiolé en secret pour
   finir enseveli.

Ô âme, si je ne m'étais pas purifié avec des pleurs
et que mes paupières n'avaient pas été ombrées de
   douleurs,
j'aurais vécu avec des écailles sur les yeux,
aveugle ne pouvant voir que le visage des ténèbres.

Ô âme, qu'est-ce que la vie si ce n'est une nuit
qui décline jusqu'à aboutir à l'aube, et l'aube perdure.
Et dans la soif de mon cœur il est un signe qui
   m'annonce l'existence
d'un fleuve céleste dans la jarre de la mort, matrice de
   clémence.

Ô âme, si quelque fou te dit : « L'âme comme le corps
   périt,
et ce qui passe de vie à trépas certes ne revient pas. »

Ô âme

Rétorque-lui alors : « Les fleurs meurent, mais les graines demeurent.
Et c'est là où réside l'essence de l'éternité. »

Le pays voilé

Voici l'aube, lève-toi donc, mon âme, et quittons
ces demeures dans lesquelles nous n'avons point d'amis.
Que peut espérer une plante dont les fleurs
diffèrent de toutes roses ou coquelicots ?
Comment un cœur tout neuf peut-il être en harmonie
avec les cœurs qui ne contiennent que ce qui est décrépit ?

Voici le matin qui s'écrie, écoute-le ;
allons donc suivre ses pas.
Nous sommes lassés d'un crépuscule qui prétend
que la lueur du matin est l'un de Ses signes aimants.

Toute la vie durant nous l'avons passée dans une vallée
au-dessus de laquelle planent les spectres des tourments.
Et nous avons vu entre ses versants le désespoir voler,
telle une nuée de hiboux et de serpents.
Nous nous sommes abreuvés de souffrance dans l'eau de la rivière
et nous avons bu du poison dans les champs des vignes.

Le pays voilé

Nous avons porté la patience, tel un habit qui n'a pas
 tardé à brûler.
Nous avons alors recueilli ses cendres pour nous
 couvrir
et pour en faire un oreiller qui, en plein sommeil,
s'est transformé en épines et pailles.

Ô pays, toi qui fus voilé bien avant la Création,
par quel moyen t'implorer et par quel chemin te
 trouver ?
Quel est ce désert qui nous sépare de toi et quelle est
 cette montagne,
ta haute muraille, et lequel de nous deux, mon âme et
 moi, sera le guide ?
Es-tu un mirage ou es-tu l'espérance
dans les âmes désireuses de l'impossible ?

Es-tu ce rêve qui déambule dans les cœurs
et, dès lors que ceux-ci se réveillent, le rêve s'évanouit ?
Ou bien es-tu ces nuages qui flottent par-dessus le soleil
 en déclin
avant qu'ils ne sombrent dans la mer des ténèbres ?

Ô pays de la pensée, ô berceau
de ceux qui ont adoré la vérité et vénéré la beauté !
Nous ne pouvons parvenir à toi ni à bord d'un navire
 ou d'un vaisseau
et encore moins à cheval ou à dos de chameau.
Tu n'es ni à l'aurore ni au couchant,
ni encore au sud ou à l'aquilon.

Merveilles et curiosités

Tu n'es pas dans les couches de l'atmosphère ni dans
   les abysses des mers ;
tu n'es pas non plus dans les vastes plaines ni dans les
   sentiers escarpés.
Tu es, dans les esprits, lumière et feu.
Tu es, dans ma poitrine, ce cœur qui palpite.

Les tourments de la vieillesse

Ô temps des amours, la jeunesse n'est plus
et les années se sont étiolées, telle une ombre
 évanescente.
Le bon vieux temps s'est effacé comme une ligne
écrite par les chimères sur une feuille moisie.
Et nos jours sont devenus prisonniers des supplices
dans une existence avare de réjouissances.

L'être que nous aimons est parti par désespoir,
et celui que nous désirons s'en est allé par lassitude.
Tel autre, qui par le passé nous a affligés,
s'est évanoui comme un rêve entre la nuit et l'aurore.

Ô temps des amours, l'espérance chantera-t-elle
l'immortalité de l'âme face à la mémoire des temps ?
Le sommeil pourrait-il estomper l'empreinte du baiser
sur des lèvres délaissées par la roseur ?
Ou bien l'ennui nous fera-t-il bannir et oublier
l'ivresse de l'amour et l'ardeur des étreintes ?

La mort scellera-t-elle les oreilles qui ont perçu
le gémissement des ténèbres et les chants du silence ?
La tombe voilera-t-elle les prunelles qui ont vu
les mystères du sépulcre et l'impénétrable secret ?

Merveilles et curiosités

Que de fois avons-nous bu dans des coupes qui flamboyaient
dans la main de l'échanson, comme des braises ardentes !
Et que de fois avons-nous effleuré des lèvres
sur lesquelles vivaient en harmonie douceur et pourpre !
Et que de fois avons-nous déclamé des poèmes
jusqu'à ce que la voûte céleste eût entendu la voix des âmes !

... Ces jours passés les voilà fanés, comme les fleurs
quand la neige tombe du sein de l'hiver.
Ce que les mains des siècles ont prodigué,
la main de la misère l'a dérobé...

Si nous avions su, nous n'aurions pas laissé une seule nuit
s'écouler entre somnolence et sommeil.
Si nous avions su, nous n'aurions pas laissé une seule minute
s'abîmer entre insouciance et insomnie.
Si nous avions su, nous n'aurions pas laissé passer une seule seconde
du temps des amours, loin des yeux de l'être aimé.

Nous savons à présent, mais après que le cœur
eut murmuré : « Levez-vous et partez. »
Nous avons entendu et nous L'avons prié,
quand la tombe s'est écriée : « Approchez. »

Pour l'amour de Dieu,
ô mon cœur

Pour l'amour de Dieu, ô mon cœur, garde secret ton amour
et cache ton chagrin à ceux qui t'entourent.
Tu en seras comblé.
Insensé, celui qui révèle son secret.
Car mieux vaut être silencieux et mystérieux
pour celui qui est amoureux.

Pour l'amour de Dieu, ô mon cœur,
si d'aucuns venaient à s'enquérir de ce qu'il t'advient.
Ne réponds point.
Et si d'autres te demandaient : « Où est donc celle qui t'ensorcelle ? »
rétorque-leur qu'elle envoûte un autre cœur,
en faisant croire qu'elle est hors de ta mémoire.

Pour l'amour de Dieu, ô mon cœur, voile tes ardeurs.
Tes maux ne sont autres que tes remèdes.
Médites-y.
L'amour dans l'âme est pareil au vin dans un verre ;
ce que tu en vois est liquide, ce qui est caché est esprit.

Merveilles et curiosités

Pour l'amour de Dieu, ô mon cœur, étouffe, je t'en supplie, tes soupirs.
Les cieux dussent-ils tomber et les océans s'élever, sois sûr, tu seras sauvé.

Le chant de la nuit

Le silence règne dans la nuit, et sous la parure du silence
se cachent les rêves.
La pleine lune parcourt le ciel, et il est des yeux dans la lune
qui scrutent les jours.

Ô fille des champs, allons donc visiter
la vigne des amoureux ;
peut-être ce verjus là-bas saura-t-il étancher
l'ardeur de nos désirs.

Écoute le rossignol qui, à travers champs,
déverse ses mélodies
dans les airs où les collines exhalent
la brise du myrte.

N'aie pas peur, mon cœur.
Car les étoiles savent être discrètes.
Et la brume de la nuit, dans ces vignes lointaines,
voile les secrets.

Merveilles et curiosités

N'aie crainte. Car la bien-aimée du djinn
se love dans sa féerique caverne ;
elle est si grisée qu'elle s'est livrée au sommeil,
échappant presque aux yeux des houris [1].

Et si le roi djinn venait à passer, il s'en irait,
attendri par l'amour.
Car étant aussi amoureux que moi,
comment peut-il révéler le secret de son chagrin !

---

1. Houris : beautés célestes que le Coran promet aux fidèles au paradis. Elles ont le blanc et le noir des yeux très tranchés.

La mer

Dans le silence de la nuit alors que s'évanouit
l'éveil des hommes derrière leurs paupières,
la forêt s'écrie : « Je suis la puissance
que le soleil a fait jaillir du cœur de la terre. »
Cependant la mer reste calme,
disant en son âme : « La puissance est à moi. »

Dit le rocher : « Le destin m'a érigé
en édifice jusqu'au jour du Jugement dernier. »
Cependant la mer reste quiète,
disant en son cœur : « L'édifice est à moi. »

Dit le vent : « Comme je suis étrange,
séparant le ciel de la brume. »
Cependant la mer demeure calme,
disant en son cœur : « Le vent est à moi. »

Dit le fleuve : « Comme je suis pur,
étanchant la soif de la terre. »
Cependant la mer demeure quiète,
disant en son âme : « Le fleuve est à moi. »

Merveilles et curiosités

Dit le mont : « Je resterai élevé
tant que perdureront les étoiles au sein de l'univers. »
Cependant la mer reste calme,
disant en son cœur : « Le mont est à moi. »

Dit la pensée : « Je suis roi,
et il n'est d'autre roi au monde que moi. »
Cependant la mer demeure assoupie,
disant dans son sommeil : « Tout est à moi. »

Le merle

Ô merle, chante,
car le chant est secret de l'existence.
Ah ! si je pouvais être comme toi
libre de toutes prisons et chaînes !
Ah ! si je pouvais être comme toi
un esprit volant dans les airs de la vallée,
buvant la lumière comme du vin
dans des coupes d'éther !

Ah ! si je pouvais être comme toi
toute pureté et félicité,
insouciant des jours à venir
et oublieux des nuits passées !

Ah ! si je pouvais être comme toi
toute douceur et splendeur,
laissant le vent déployer mes ailes
pour qu'elles soient perlées par la rosée !

Ah ! si je pouvais être comme toi
une pensée voguant par-dessus les collines,
déversant allégrement des mélodies
entre forêts et nuées !

Merveilles et curiosités

Ô merle, chante
et bannis de mon âme les peines.
Dans ta voix il est une voix
qui souffle dans l'oreille de mon oreille.

La Chimère

Dans les ténèbres de la nuit il marche lentement ;
pareil à la nuit, il apparaît terrifiant.
Seul marche-t-il comme si la terre
n'avait rien créé d'aussi colossal et seigneurial.

Il foule le sol à pas ailés,
comme les sommets qui effleurent les franges des nuées.
Son corps dans tout son apparat semble être
composé de rayons, de brume et de nébuleuse.

Je lui dis : « Ô fantôme, qui empêchez la nuit de s'écouler,
êtes-vous un djinn ou un être humain ? »
Il répondit avec une voix qui vibrait de courroux mêlé de dédain :
« Je suis l'ombre du destin. »

Je dis alors : « Non, ô fantôme. La fatalité est passée de vie à trépas
depuis que la sage-femme m'a pris dans ses bras. »
Il me répondit, hésitant : « Je suis l'amour ;

Merveilles et curiosités

nul ne peut être accueilli dans la vie s'il n'a pas recueilli
 l'amour. »

Alors je lui dis : « Non, car l'amour est une fleur qui
 perd la vie
sitôt que les fleurs du printemps se trouvent flétries. »
Il répondit en colère et dans sa voix la houle de la mer :
« Je suis l'effroyable mort. »

Je dis alors : « Non, car la mort est une aurore ;
dès qu'elle se lève, elle tire celui qui vivait de sa tor‑
 peur. »
Il répondit avec arrogance : « Je suis la gloire ;
et celui qui ne me parvient pas meurt de sa propre
 défaillance. »

Alors je lui dis : « Non, car la mort est une ombre qui
 s'étiole
entre tombe et linceul. »
Il répondit avec une moue incrédule :
« Je suis le secret qui, entre corps et esprit, déambule. »

Je dis alors : « Non, car si le secret est révélé
par l'éveil de la pensée, il s'évanouira comme un rêve. »
Il répondit avec affliction : « Cesse de m'interroger sur
 qui je suis. »
Je lui rétorque : « Questionner serait-ce blâmer ? »

Il dit, fronçant les sourcils : « Je suis toi.
Inutile d'interroger terre et ciel sur mon identité.
Si tu veux me connaître, regarde-toi
dans le miroir matin et soir. »

La Chimère

Aussitôt qu'il eut dit ces mots, il disparut de ma vue,
comme une fumée dissipée par le vent,
en laissant ma pensée errer
parmi les ombres de la nuit jusqu'au petit matin.

Si vous tissez

Si vous tissez autour de mes jours des soupçons
et que vous tramez autour de mes nuits des blâmes,
vous ne pourrez abattre la forteresse de ma patience,
et vous ne saurez bannir de mes coupes le vin.

Il est dans ma vie une demeure pour le silence
et dans mon cœur, un temple pour la paix.
Et celui qui s'est nourri de cruels revers
ne craint point de goûter aux rêveries.

La célébrité

À la marée basse j'ai écrit une phrase sur le sable
en y mettant toute mon âme et tout mon esprit.

À la marée haute j'y suis retourné pour me relire et
    pour y réfléchir,
mais tout au long du rivage je n'ai trouvé que ma
    propre ignorance.

Hier

J'avais un cœur qui n'est plus.
Il s'en trouve ainsi allégé et tous ceux autour de lui soulagés.
Ce fut une saison de ma vie qui s'est écoulée,
courtisant les muses et languissant d'amour.
L'amour est à l'instar d'un astre de la nuit
dont la lumière s'en va quand l'aurore est là.

L'enchantement de l'amour est une illusion qui n'insiste pas,
tout comme la beauté de l'amour est une ombre qui ne s'attarde pas.
Et les promesses de l'amour sont une nuée de rêves qui s'évanouit
dès que se réveille le sain esprit.

Que de nuits ai-je veillé en compagnie de l'ardent désir,
alors que je le surveillais pour ne point m'assoupir !
Et l'esprit de la passion montait la garde autour de mon lit,
en me disant : « Ne sombre pas, le sommeil est interdit. »
Et mes douleurs de me susurrer à l'oreille :

Hier

« En amour celui qui recherche les transports ne doit
  pas se plaindre de souffrir. »

Ce ne sont là que des jours passés, que mes yeux alors
annoncent la rencontre du spectre du sommeil.
Et prends garde, mon âme, de ne rien dire
de cette saison et de tout ce qui s'y est passé.

Dès lors que la brise de l'aurore se levait,
j'étais aux anges, chantant et virevoltant.
Et lorsque les nuages versaient l'eau du ciel,
voyant en elle du vin, j'en remplissais ma coupe.
Et quand la pleine lune se profilait à l'horizon alors
  que ma bien-aimée
s'étendait près de moi, je m'écriais : « Ô lune, n'as-tu
  pas honte ! »

Tout cela, c'était hier ;
et tout hier, comme la brume, s'est dissipé.
Et l'oubli a effacé mon passé,
comme le souffle qui rompt un collier de bulles perlées.

Ô fils de ma mère, si Sou'ad[1] venait auprès de la
  jeunesse
s'enquérir d'un amoureux déprimé,
dites-lui que les jours passés loin des yeux de sa
  bien-aimée
ont éteint, dans son cœur, la flamme,
que les braises ont été remplacées par les cendres

---

1. Sou'ad : personnage de la littérature arabe classique représentant la Dame aimée.

et que l'absence de mémoire a estompé les traces des sanglots.

Si elle se met en colère, n'en rajoutez pas ;
si elle pleure, consolez-la ;
et si elle rit, n'en soyez pas ébahis.
Car il en va de même pour tous les amoureux.

Oh ! combien je souhaiterais savoir !
Jamais n'y a-t-il eu retour d'un être aimé ?
Mon âme doit-elle s'attendre à un éveil après ce sommeil
qui me montrera le visage de mon passé cruel ?
L'automne entendra-t-il les mélodies du printemps
alors que sur ses oreilles s'amoncellent les feuilles mortes ?
Non, mon cœur ne connaîtra ni renaissance ni résurrection.
Non, la sève en moi ne saura rejaillir.
Et la main du moissonneur ne peut faire revivre les fleurs
après qu'elles ont été taillées au fil de la faucille.

L'âme a vieilli dans mon corps,
ne voyant plus que les ombres des années passées.
Comme mes penchants sont disséminés en mon sein,
ils s'appuient alors sur la béquille de ma patience.
Et mes désirs m'ont échappé pour se laisser voûter
avant même d'atteindre l'âge de quarante ans.

Hier

Tel est donc mon état ; et si Rachel[1] vous interroge :
« Que lui est-il arrivé ? » Répondez-lui : « La folie. »
Et si elle ajoute : « Pourra-t-elle disparaître, en sera-t-il
  guéri ? »
Rétorquez-lui : « Seul le trépas le guérira. »

---

1. Rachel : la femme de Jacob, qui concevait difficilement des enfants ; son nom signifie « brebis » en hébreu, et « exode, départ » en arabe. Jacob dut travailler quatorze ans au service de Laban, le père de Rachel, pour que celui-ci la lui donne en mariage.

Dit le ruisseau

Alors que je me promenais dans une vallée
et que le jour commençait à poindre,
révélant le secret d'une existence qui n'a point de fin,
j'entendis au milieu des rochers un ruisseau chanter :

  La vie n'est pas dans le bien-être,
mais elle est désir et aspiration.
  La mort n'est pas dans l'enchantement,
mais elle est désespérance et souffrance.
  La sagesse n'est pas dans la parole,
mais dans le secret qui se cache sous les mots.
  La grandeur n'est pas dans le prestige,
la gloire réside plutôt en celui qui refuse tout honneur.
  La noblesse n'est pas dans les ancêtres,
car nombreux sont les nobles victimes des aïeux.
  L'humiliation n'est pas dans les chaînes,
car une chaîne pourrait être plus sublime
qu'une rivière de diamants.
  Le paradis n'est pas dans la récompense,
l'éden est plutôt dans un cœur pur.
  L'enfer n'est pas dans la torture,
la géhenne même est plutôt dans un cœur vide.
  La richesse n'est pas dans l'or,

Dit le ruisseau

car nombre d'errants sont plus riches
que les plus fortunés du monde.
    La pauvreté n'est pas dans la misère,
car la richesse du monde tient dans une miche de pain
et un simple habit.
    La beauté n'est pas dans le visage,
la splendeur est plutôt cette lumière émanant du cœur.
    La perfection n'est pas dans l'intégrité,
car il est souvent du mérite dans certains péchés.

Voilà ce que disait ce ruisseau aux rochers qui l'entouraient.
Tous ses dires ne sont que quelques secrets du lointain océan.

TABLE

Avant-propos	9
LES PROCESSIONS	11
MERVEILLES ET CURIOSITÉS	33
Cœur et écorce	35
Mon âme regorge de ses fruits	41
Une poignée de sable	45
Un navire dans la brume	50
Les sept étapes	64
Mon âme m'a sermonné	65
Vous avez votre Liban, j'ai le mien	70
La terre	77
Hier, aujourd'hui et demain	78
La perfection	80
L'indépendance et le tarbouche	82
Ô Terre	85
La Mer suprême	89
En cette année qui échappe au temps	92
Avicenne et son ode	94
Al-Ghazali	97
Girgi Zaydan	100

L'avenir de la langue arabe	103
Ibn al-Farid	117
La nouvelle ère	120
La solitude et l'isolement	126
Iram aux colonnes	129
Mon silence est chant	160
À mes détracteurs	162
Ô âme	164
Le pays voilé	166
Les tourments de la vieillesse	169
Pour l'amour de Dieu, ô mon cœur	171
Le chant de la nuit	173
La mer	175
Le merle	177
La Chimère	179
Si vous tissez	182
La célébrité	183
Hier	184
Dit le ruisseau	188

DU MÊME AUTEUR

Jésus Fils de l'homme, Albin Michel, 1990.
Le Sable et l'Écume, aphorismes, Albin Michel, 1990.
L'Œil du prophète, anthologie, Albin Michel, 1991.
Le Prophète, éd. du Rocher, 1993, et éd. J'ai Lu, 1995.
Visions du Prophète, anthologie, éd. du Rocher, 1995.

DU MÊME TRADUCTEUR

Khalil Gibran : une biographie, Albin Michel, 1994.
« Khalil Gibran : poète de la sagesse », revue *Question de,* n° 83, Albin Michel, 1990.

« Spiritualités vivantes »
Collection fondée par Jean Herbert
au format de poche

101. *Et Dieu créa Ève, À Bible ouverte*, t. II, de Josy EISENBERG et Armand ABECASSIS.
102. *Les Collations de Jean Cassien ou l'unité des sources*, textes choisis et présentés par Jean-Yves LELOUP.
103. *Praxis et Gnosis, textes d'Évagre le Pontique*, choisis et présentés par Jean-Yves LELOUP.
104. *Le Centre de l'Être*, de K. G. DURCKHEIM, propos recueillis par J. CASTERMANE.
105. *Tsimtsoum, introduction à la méditation hébraïque*, de Marc-Alain OUAKNIN.
106. *La Voie Soufie*, de Faouzi SKALI.
107. *Moi, le gardien de mon frère ? À Bible ouverte*, t. III, de Josy EISENBERG et Armand ABECASSIS.
108. *Sermons sur le Zen, Réflexions sur la Terre Pure*, traduits et présentés par Maryse et Masumi SHIBATA.
109. *Dhammapada, les Dits du Bouddha*, traduits du pali.
110. *L'Anneau de la Voie*, de Taisen DESHIMARU, textes rassemblés par E. de SMEDT et D. DUSSAUSSOY.
111. *Rubâi'yât*, de Djalâl-od-Dîn RÛMÎ, traduit et présenté par E. de VITRAY-MEYEROVITCH et D. MORTAZAVI.
112. *Vie de Moïse, de Grégoire de Nysse, ou l'être de désir*, traduit par J. DANIELOU et présenté par J.-Y. LELOUP.
113. *Homélies de Jean Chrysostome sur l'incompréhensibilité de Dieu*, traduit par R. FLACELIÈRE et présenté par J.-Y. LELOUP.
114. *Le Dharma et la vie*, de Lama Denis TEUNDROUP.
115. *La Méditation créatrice et la conscience multidimensionnelle*, par Lama ANAGARIKA GOVINDA, traduit par Jean HERBERT.
116. *Le Puits d'eaux vives, entretiens sur les Cinq Rouleaux de la Bible*, de Claude VIGÉE et Victor MALKA.

117. *Œuvres,* de saint François d'Assise, traduit et présenté par A. Masseron.
118. *La Méditation bouddhique,* de Jean-Pierre Schnetzler.
119. *Zen et samouraï,* de Suzuki Shôsan, traduit et présenté par Maryse et Masumi Shibata.
120. *Le Taoïsme vivant,* de J. Blofeld, traduit par Jean Herbert.
121. *Commentaire sur le Mystère de la Fleur d'or,* de C. G. Jung.
122. *Prière de Jésus, prière du cœur,* d'Alphonse et Rachel Goettmann.
123. *Moine zen en Occident,* de Roland Rech.
124. *Le Pèlerin chérubinique,* d'Angelus Silesius, traduit et présenté par Camille Jordens.
125. *L'Expérience de la transcendance,* de K. G. Durckheim, traduit par M. P. Schlembach.
126. *Les Gnostiques,* de Jacques Lacarrière.
127. *Réflexions sur la Bhagavad-Gîtâ,* de Jean Herbert.
128. *L'Enracinement et l'Ouverture,* de Jean-Yves Leloup.
129. *L'Idée maçonnique, essai sur une philosophie de la franc-maçonnerie,* d'Henri Tort-Nougues.
130. *Rire avec Dieu. Aphorismes et contes soufis,* de S. B. Majrouh, texte français de Serge Sautreau.
131. *La Vision profonde, de la Pleine Conscience à la contemplation intérieure,* de Thich Nhat Hanh, traduit par P. Kerforne.
132. *Anthologie du soufisme,* d'E. de Vitray-Meyerovitch.
133. *Expérience chrétienne et mystique hindoue,* de Bede Griffiths, préface de M. M. Davy, traduit par C. H. de Brantes.
134. *Méditation taoïste,* d'Isabelle Robinet.
135. *Dzogchen et Tantra, la Voie de la Lumière du bouddhisme tibétain,* de Namkhaï Norbu Rinpoché, traduit par B. Espaze.
136. *L'Homme et sa double origine,* de Karlfried Graf Dürckheim, traduit par C. de Bose.
137. *Le Langage des oiseaux,* de Farîd-ud-dîn 'Attar, traduit du persan par G. de Tassy.
138. *Merveilles et processions,* de Khalil Gibran, traduit par Jean-Pierre Dahdah.
139. *La Respiration essentielle,* de Thich Nhat Hanh, traduit par P. Kerforne.

*La composition de cet ouvrage
a été réalisée par l'Imprimerie BUSSIÈRE,
l'impression et le brochage ont été effectués
sur presse CAMERON
dans les ateliers de Bussière Camedan Imprimeries,
à Saint-Amand-Montrond (Cher),
pour le compte des Éditions Albin Michel.*

*Achevé d'imprimer en février 1996.
N° d'édition : 15274. N° d'impression : 3123-1/2951.
Dépôt légal : mars 1996.*